# Buffets
## Schnell vorbereitet

*Einladen & genießen*

Dagmar v. Cramm

# Buffets

*Schnell vorbereitet*

Gestaltung der Bildseiten:
FoodPhotography Eising

Bechtermünz Verlag

# Inhalt

CHAMPAGNE

# Vorwort

Haben Sie gerne Gäste? Feiern Sie am liebsten in den eigenen vier Wänden? Genießen Sie das Zusammensein mit interessanten Menschen ebenso wie die vertraute Gemeinschaft mit guten Freunden? Und macht es Ihnen Spaß, in der Küche zu zaubern, um Ihre Gäste (und sich selbst) mit kulinarischen Köstlichkeiten zu verwöhnen? Auch wenn Sie kein großes Eßzimmer und nur eine durchschnittlich ausgestattete Küche haben, können Sie mit Hilfe dieses Buches ein großes Familienfest im eigenen Heim feiern, viele liebe Freunde oder nette Kollegen zu sich einladen.
Ein Buffet ermöglicht Ihnen, Ihre Gäste mit erlesenen Köstlichkeiten zu verwöhnen, ohne daß Sie selbst den halben Abend in der Küche verbringen. Die Zubereitung der Gerichte wird nach und nach erledigt, bevor die Gäste kommen, Selbstbedienung ersetzt den personalintensiven Service, und die meist lockere Sitzordnung sowie die Bewegung der Gäste beim Füllen der Teller sind ausgesprochen kommunikationsfördernd.
Natürlich ist ein Buffet aufwendiger als ein dreigängiges Menü. Aber Sie können den Großteil der Arbeit im voraus erledigen. Dabei hilft Ihnen der exakte Zeitplan, den Sie bei jedem Buffet finden und der Ihnen die optimale Arbeitseinteilung vorgibt.
Wenn Ihnen manchmal der Aufwand dennoch zu groß ist: kein Problem! Unter der Rubrik »So wird´s schneller« finden Sie Tips, welche Gerichte Sie vereinfachen, abwandeln oder sogar fertig kaufen könnnen – ohne daß der Gesamteindruck des Buffets unter diesen Tricks leidet.
Die altbekannte Problematik der Mengenveränderung für unterschiedliche Gästezahlen wird in diesem Buch ebenfalls geklärt. Die Buffets sind für 12 Personen konzipiert, darüber hinaus finden Sie bei jedem Buffet genaue Angaben zu einer Mini-Version für 8 Personen und zu erweiterten Buffets für 16, 20, 25 und 30 Gäste. Dabei fallen sehr arbeitsintensive Rezepte weg, einfache werden erweitert – kurz, die Zusammenstellung wird so geschickt verändert, daß auch bei größerer Gästezahl keine organisatorischen Probleme auftauchen und keine Resteberge bleiben.
Last not least spielt die Jahreszeit eine große Rolle bei unseren Buffets: Sommerfrüchte finden Sie mit Sommergemüse und »hitzefesten« Zubereitungen kombiniert. Zum High Tea mit süßen und pikanten Köstlichkeiten laden Sie am besten im Winter ein, wenn der gemütliche Abend schon früh beginnt. Wir beginnen winterlich mit dem exotischen Auftakt und enden im Ablauf der Jahreszeiten mit dem High Tea wieder im Winter. Dazwischen gibt es Sektfrühstück im Winter, Familienfest, Grünes Buffet und Fisch-Buffet im Frühjahr, Mittelmeer-Buffet und Gartenfest im Sommer, Weinfest und Vegetarisches Erntedankbuffet eher im Herbst.
Natürlich müssen Sie sich nicht streng an diese Vorgaben halten, aber es erleichtert und verbilligt den Einkauf in vielen Fällen erheblich, wenn Sie »saisongerecht« planen.
Ich selbst habe die Gelegenheit beim Schopfe gepackt und zehn herrliche Feste gefeiert, bei denen alle Rezepte dieses Buches in der hier vorgegebenen Zusammenstellung ausprobiert und für gut befunden wurden. Zeitweise haben wir die »Bar« gar nicht mehr abgebaut...
Und trotz aller Vorbereitung, trotz Tellerbergen und großer Müdigkeit am Tag danach – denn wir fanden glücklicherweise meist fast kein Ende –, wir würden es jederzeit wieder tun. Denn es macht geradezu süchtig, Gäste in den eigenen vier Wänden zu verwöhnen und selbst einen schönen, streßfreien Abend mit kulinarischen Köstlichkeiten zu genießen.

## Organisation ist alles

Buffets wurden erfunden, um auch ohne Personal und ohne ein großes Eßzimmer viele Gäste bewirten zu können. Also eine höchst moderne Erfindung, die den Gastgeber durch Selfservice des Gastes entlasten soll. Dafür ist natürlich entsprechend mehr Vorarbeit zu leisten. Während ein Menü mit 3–4 Gängen auskommt, sollte auf einem Buffet schon etwas mehr Auswahl herrschen. Aber die Rezepte in diesem Buch sind so konzipiert, daß Sie spätestens eine Woche vor dem Termin anfangen können, sich in der Küche zu betätigen. Und so nach und nach im Laufe der Woche ein tolles Buffet zusammenstellen.

## Der Zeitplan

... soll Ihnen helfen, sich die Kocharbeit besser einzuteilen. Unter der Rubrik 1 Woche vorher sind in der Regel Rezepte aufgeführt, die eingefroren werden können: Diese können Sie auch 2–3 Wochen vorher ins Eis geben. Für die übrigen Zeitangaben ist der angegebene der frühest mögliche Zeitpunkt. Das bedeutet: Sie können die genannten Gerichte auch später zubereiten, aber auf keinen Fall früher.
Am besten, Sie stellen für sich noch einmal einen individuellen Zeitplan auf, sobald Sie sich für eines der Buffets entschieden haben. Denn wir haben z. B. Einkäufe, Bestellung von Lebensmitteln, Besorgen von Geschirr, Gläsern und Dekoration, eventuell Umstellen von Möbeln und Einweisen von Hilfskräften nicht berücksichtigt, weil es da einfach zu große individuelle Unterschiede gibt. Planen Sie am besten dann, wenn Sie die Einladungen verschicken: etwa 1–2 Monate vor dem Fest. Bei der Zusammenstellung des Planes können Sie das Fest schon einmal vor Ihrem geistigen Auge ablaufen lassen: Sie werden Schwachpunkte und mögliche Probleme entdecken und haben noch reichlich Zeit, sie im Vorfeld zu lösen.

## Die Einladung

... sollten Sie bei einem größeren Kreis von 12 Personen und mehr lieber schriftlich formulieren. Das spart sogar Zeit – denn Telefongespräche mit Freunden sind meist nicht in 5 Minuten erledigt. Außerdem erfahren Sie zu dem von Ihnen bestimmten Zeitpunkt genau, wer kommt und wer nicht. Den Zeitpunkt legen Sie selber fest auf Ihrer Einladung – entweder u. A. w. g. (um Antwort wird gebeten) bis ... Oder – etwas traditioneller – r. s. v. p. (Réponse s'il vous plaît). Setzen Sie den Antworttermin so, daß Sie spätestens eine Woche vor dem Fest über die Gästeschar Bescheid wissen. Wenn Sie allerdings bei Absagen jemand anderen einladen wollen, dann sollte die Frist großzügiger bemessen sein.
Und der ideale Zeitpunkt, die Einladung auszusprechen? Der kann sehr unterschiedlich sein. Wer gesellschaftlich sehr aktive Gäste einlädt oder Feste zu einschlägigen Terminen wie Ostern, weißer Sonntag, Silvester oder an langen Wochenenden feiert, kann ruhig schon 2 Monate zuvor einladen – und bereits im Vorfeld das Fest rundherum ankündigen. Geht es aber um weniger ausgebuchte Gäste an ganz normalen Wochenenden, reicht es in der Regel einen Monat vor dem großen Tag. In jedem Fall dient die Einladung als Erinnerung für die Gäste – und zwar als wirklich einladende, die Vorfreude weckt. Deshalb finden Sie bei jedem Buffet Anregungen, wie Sie eine originelle Einladung im Hinblick auf das kulinarische Motto gestalten können.

## Buffet mit Tischordnung?

Sie können zum Buffet ganz locker einladen – mit verstreuten Sitzgruppen und zwangloser Essensfolge. Aber Sie können auch festliche und offizielle Anlässe mit einem Buffet feiern – wenn Sie Ihren Gästen eine feste Sitzordnung bieten. Gerade bei runden Geburtstagen, Kommunion und Konfirmation, Taufe und Hochzeit sind einige Reden oder gar Aufführungen fällig, und daher ist etwas mehr Ruhe erwünscht. Außerdem kann man mit der Tischordnung Familienblöcke aufbrechen, Freundeskreise mischen – ganz einfach vermeiden, daß sich jeder zu den ohnehin schon Bekannten setzt.
Und wie stellt man's an? Sie können z. B. die Gäste an bestimmte Tische verteilen, an denen sie die Sitzordnung dann selber bestimmen. Ein wenig altmodisch, aber nett ist es, jeden Herren eine Dame zu Tisch führen zu lassen (für die er dann am Buffet auch hilfreich tätig werden sollte). Sie brauchen in diesem Fall keine Tischkärtchen, sondern erstellen eine Namensliste, auf der jeweils links der Herr, rechts die zugeordnete Dame und die Tischnummer steht. Zurechtfinden müssen sich die Gäste dann selbst. Sie können natürlich auch eine richtige Tischordnung mit Tischkärtchen machen – besonders bei Familienfesten kann man damit manche Schwierigkeit vermeiden.
Wenn Sie Ihren Gästen bestimmte Plätze zuordnen, sollte auch das Essen in einem bestimmten Rhythmus ablaufen. Am besten, Sie unterteilen das Buffet deutlich in Vorspeisen, Hauptgang und Dessert und fordern jeweils zu den einzelnen Gängen auf. Dann finden auch die geplanten Reden Platz. Warum überhaupt ein Buffet, wenn schon alle an einer Tafel sitzen? Ganz einfach: Weil Sie alles vorbereiten können, bevor die Gäste eintreffen, und weil Sie kein Personal zum Servieren brauchen.

## Brauchen Sie Hilfe?

Bei allem Selfservice – es bleibt doch reichlich Arbeit an den Gastgebern hängen. Geben Sie eine Party für Freunde, ist das kein Problem: Auf Ihre Bitte springt sicher jeder gerne ein, schenkt einmal nach und räumt eben ein paar Teller weg. Doch wenn Ihre Einladung etwas formeller ist und Sie sich nicht von Ihren Gästen assistieren lassen möchten, ist eine helfende Hand eine große Entlastung. Auch wer 20 und mehr Gäste hat, sollte unbedingt wenigstens eine Hilfskraft engagieren. Bei 25 Gästen und mehr brauchen Sie sicherlich zwei Hilfen.

Bestellen Sie die Hilfkräfte mindestens 1–2 Stunden vor Festbeginn ein. Denn Sie müssen sie »einweisen« und in ihre Arbeit einführen. Außerdem fällt eine Menge Arbeit 1–2 Stunden vor dem Festbeginn an, wie Sie dem Zeitplan entnehmen können. Diese Arbeiten können Sie teilweise der Hilfe überlassen und haben inzwischen selbst Zeit, sich umzuziehen. Bei Ankunft der Gäste kann sich Ihre Hilfskraft um Blumen und Garderobe (s. u.) kümmern und eventuell den Aperitif auf dem Tablett reichen oder zumindest vorbereiten. Das Entfernen der Frischhaltefolie von den Platten ist ebenso ihre Aufgabe wie Flaschen öffnen und für Getränkenachschub sorgen. Schließlich kann sie die Küche in Ordnung bringen und das anfallende Geschirr wegräumen. Doch nach der Schlacht am kalten Buffet können Sie die Hilfskraft entlassen, auch wenn der Abend noch weitergeht. Denn für den »Getränkeservice« braucht man nur bei einem sehr großen Kreis noch Hilfe – bei 12–16 Personen schaffen Sie das leicht alleine bzw. mit Ihrem Partner.

Doch wer kommt als Unterstützung in Frage? Glücklich, wer eine tüchtige und ansehnliche Putzhilfe hat – sie kennt sich im Haushalt aus und kann alle Aufgaben erledigen – selbst wenn sie sich im Hintergrund hält. Ein bißchen Erfahrung für solche Feste sollte sie allerdings haben. Eine gute Alternative ist der Studentenschnelldienst – viele Studentinnen und Studenten jobben als Bedienung. Wer eine Hotelfachschule um die Ecke hat, kann sich dort umsehen. Schließlich hilft oft eine Erkundigung im Bekanntenkreis: Einige Frauen jobben regelmäßig auf Volksfesten und bei privaten Feten und bringen eine Menge Routine mit. Die sicherste Alternative ist natürlich der Partyservice. Aber der ist teuer – und will gleichzeitig sein eigenes Buffet verkaufen. Und das möchten Sie schließlich selber zaubern.

Noch ein letzter Tip: Kinder ab 10 Jahren helfen auf den Festen der Eltern mit Begeisterung. Trauen Sie es ihnen ruhig zu. Es ist vielleicht nicht alles perfekt – aber darüber sieht jeder gerührt hinweg. Ihre Kinder lernen dabei eine ganze Menge und haben das Gefühl: Wir gehören auch dazu!

*Material für originelle Einladungskarten finden Sie in Kaufhäusern und Schreibwarenläden.*

## Die wichtigen Nebensächlichkeiten

Auch wenn es nur 10 Gäste sind: Je besser Sie planen, desto mehr haben Sie selbst von Ihrem Fest. Halten Sie deshalb die folgenden Tips nicht für übertrieben: sie entspannen den Abend!

- Im Winter müssen Sie mit einer Menge Mäntel rechnen. Beim kleineren Kreis reicht es, die eigene Garderobe zu räumen. Schwillt die Gästeschar an, landen die letzten Mäntel meist auf dem Bett. Entweder Sie leihen sich von Freunden schlichte Stehgarderoben aus, oder Sie besorgen sich einen regelrechten Kleiderständer, den Sie bei Bedarf aufstellen können – ein Stahlgestell auf Rollen, auf dem sicher 20 Mäntel Platz haben (im Versandhandel etwa 60 DM).
- Sie müssen damit rechnen, Blumen oder Geschenke zu bekommen – je nach Festivität. Halten Sie deshalb Vasen unterschiedlicher Größe griffbereit. Und vielleicht auch Klebezettel und Stift, mit denen die Geschenke gekennzeichnet werden. Denn rücken alle Gäste gleichzeitig an, kommen Sie nicht mehr zum Auspacken – und das Bedanken später wird schwer.
- Der dritte Punkt ist das WC. Wenn Sie mehrere haben, müssen Sie entscheiden, welches benutzt wird, und dieses entsprechend kennzeichnen. Ein kleiner Wegweiser hilft in jedem Fall ortsfremden Gästen – und erspart Ihnen mehrmalige Wegbeschreibungen. Ausreichend Handtücher, Kosmetiktücher, Kamm etc. sind eine Selbstverständlichkeit – die man im Eifer des Gefechts aber oft vergißt.

## Das Platzproblem

Tatsache ist: In Zeiten von Single- und Kleinfamilienhaushalten werden die Wohnungen immer kleiner. Und das ist ausgesprochen gästefeindlich! Aber wo ein Wille ist, ist auch ein Weg. Im Sommer läßt sich auf Balkon, Terrasse oder Garten ausweichen. Oder man feiert gleich ein Gartenfest an dafür geeigneten Plätzen: an Grill-Wanderplätzen, an lauschigen Bachufern oder auf der altbekannten Tobewiese.
Die Alternative heißt: ausräumen! In der Küche ist die Bar, das Buffet findet vielleicht im Flur Platz und die Garderobe eben doch im Schlafzimmer. Im Wohnraum tummeln sich die Gäste – je enger, desto gemütlicher. Mit anderen Worten: Phantasie und Mut in der Ausnutzung der vorhandenen Möglichkeiten sind in jedem Fall gefragt – auch wenn mehr Platz vorhanden ist. Wer nicht ausreichend Sitzgelegenheit hat, kann sich mit Bänken behelfen, die es beim Getränkehändler leihweise gibt. Wenn sie Ihnen zu unelegant und hart sind: Kleben Sie mit Doppelklebeband Schaumstoffstreifen darauf, und legen Sie einen Dekostoff locker darüber. Im übrigen kann man Klappstühle im Freundeskreis ausleihen – selbst unterschiedliche Modelle passen meist ganz gut zusammen. Schließlich kann man Stühle auch beim Partyservice ausleihen – aber das wird dann wieder etwas teurer.

## Das Buffet: ein dramatischer Aufbau

Zunächst brauchen Sie einfach Fläche: Für Geschirr, Besteck, Servietten und Gläser – und natürlich für's Essen. Nicht jeder hat einen Rieseneßtisch. Die beste Lösung: ein Tapeziertisch oder Biertische, die Sie beim Getränkehändler meist umsonst oder gegen eine kleine Gebühr leihen können. Je nach Räumlichkeit können Sie auch zwei schmale Biertische nebeneinander stellen und vorhandene Tische oder Kommoden gleicher Höhe dazu kombinieren. Sind die Untergestelle zu verschieden, sollte die Tischdecke bis auf den Boden reichen. Wer kein ausreichend großes Tischtuch hat, kann die Basis mit einem Bettuch schaffen und die »gute« Decke sozusagen als Oberkleid darauflegen. Übrigens: Steht der Tisch an der Wand, kann man schummeln – dann ist vorne alles zugehängt und hinten nichts. Vielleicht müssen Sie der Konstruktion an der Rückseite mit Klebeband Halt geben. Die Plazierung des Tisches bestimmt die Marschrichtung der hungrigen Gäste: Steht er an der Wand, können sie sich nur von einer Seite bedienen, andernfalls geht's rundherum.
Beim Eindecken des Buffets sollten Sie sich den logischen Speiseablauf vor Augen halten: Das Wichtigste ist natürlich der Teller – samt Besteck und Serviette. Dann können Sie einen Brotkorb mit Butter plazieren, denn das werden Ihre Gäste vielleicht schon vor dem Käse brauchen. Dann folgt die Suppe – hier dürfen die Tassen und Löffel direkt um die Terrine plaziert werden. Fischgerichte, mariniertes Gemüse, kleine Snacks und pikante Salate bilden sozusagen die Vorspeise. Dann folgt das Kernstück des Buffets, in der Regel ein Braten oder die gefüllte Riesenzucchini wie bei unserem vegetarischen Buffet oder die Bouillabaisse für's Fischbuffet. Dazu gehören eventuell noch Saucen, Dips oder andere Beilagen, die natürlich daneben stehen müssen. Das süße Ende kommt zum Schluß – begleitet von einem Obstkorb

*Auf zwei zusammengestellten Biertischen läßt sich hervorragend ein üppiges Buffet aufbauen. Wenn die Fläche nicht reicht, können Sie mit umgedrehten Obststeigen, kleinen Kisten oder stabilen Kartons verschiedene Ebenen schaffen – das bringt mehr Platz und sieht schön aus.*

und einer mehr oder weniger großen Käseplatte. Nur beim exotischen Buffet sollten Sie auf Käse verzichten – er paßt nicht dazu. Neben den Käse gehört ebenfalls noch eine Portion Brot mit Butter – damit man nicht wieder zum Anfang muß. Schälchen oder Teller und Löffel für Dessert und Käse stehen direkt dabei. Bedenken Sie: Ihr Gast weiß nicht, was Sie aufgetischt und zubereitet haben. Sie müssen die Gerichte so präsentieren, daß er sich zurechtfindet – und nicht die Himbeersauce zum Fisch und das Mangochutney zur Schokoladencreme nimmt. Vielleicht schreiben Sie noch eine »Buffetkarte« mit allen Gerichten (entsprechend der Spalte: Und das gibt's) und befestigen sie in Sichthöhe mit einer Stecknadel an einer Gardine oder mit Klebestreifen an Fenster oder Spiegel – Ihre Gäste werden das zu schätzen wissen. Schließlich brauchen Sie noch Platz für Gläser, Getränke und Mokka – aber diese Dinge dürfen auch im Nebenraum gerichtet sein.

## Tips zu Tassen & Co

Für 12 Personen hat man meist genug Geschirr, Besteck und Gläser. Aber was tun, wenn's mehr werden? Gläser können Sie in der Regel beim Getränkehändler leihen. Erkundigen Sie sich am besten vorher, ob es auch alle Gläser gibt, die Sie brauchen, nämlich neben Bier- und Wassergläsern eventuell auch Wein- und Sektgläser, und machen Sie Ihre Bestellung davon abhängig. Selbst, wenn es ein paar Mark teurer ist: Es lohnt sich!
Geschirr wird oft von großen Haushaltswarengeschäften oder Läden für Gastronomiebedarf verliehen. Das ist aber in der Regel sehr teuer: Für den Ausleihpreis bekommen Sie im Großmarkt oder Kaufhaus schon einfaches Glaskeramikgeschirr. Das hat noch einen weiteren Vorteil: Es ist so dünn, daß es wenig Platz braucht und beim Abservieren auch in größeren Stapeln leicht zu tragen ist.
Besteck ist meist ein größerer Posten und am ehesten in Kaufhäusern günstig zu bekommen. Aber vielleicht fehlt Ihnen ja nur wenig, und Sie können es bei Freunden ausleihen.
»Bring your own plate & cutlery-Party« ist vielleicht eine witzige Idee, führt aber zu Verwicklungen beim Aussortieren des Geschirrs und Bestecks. Spätestens am nächsten Nachmittag haben Sie alle Gäste wieder da, die ihre Ausrüstung einsammeln wollen. Also lieber nicht!
Wegwerfgeschirr und -besteck ist eigentlich out. Doch das Besteck läßt sich im Gegensatz zu den Tellern wenigstens spülen und wiederverwenden. Andererseits: wenn Sie sich schon so viel Mühe mit dem Kochen gegeben haben, sollte es am Eßwerkzeug nicht fehlen – Plastik tut dem Geschmack und auch dem Genuß nämlich Abbruch . . .
Und wie sieht es mit Vorlegebestecken, Platten und Schüsseln aus? Auch hier können Sie Einzelstücke von Freunden ausleihen. Als Platten eignen sich auch umfunktionierte Tabletts oder Holzbretter, die Sie mit extra starker Alufolie tischfein machen. Auch schlichte Glasplatten und Spiegel sind ausgesprochen chic. Manche Feinkostläden, Fischhandlungen oder Metzgereien verleihen auch Platten und Vorlegebesteck. Wenn Sie dort Kunde sind, fragen Sie einmal nach.

## Kühle Getränke – aber wie?

Im Winter ist das Problem nicht so groß: Auf Balkon, Terrasse oder im Keller haben Bier und Wein die richtige Temperatur. Sie dürfen sie erst kurz vor Festbeginn und immer nur portionsweise nach drinnen holen.
In der warmen Jahreszeit ist das schwieriger: Die Gäste sind durstiger, und sowohl drinnen als auch draußen ist es viel zu warm. Meist ist der Kühlschrank randvoll mit Speisen – und in der Regel sowieso zu klein.
Für einzelne Flaschen sind Kühler aus Ton ideal: Durch die Verdunstungskälte heizen sie sich auch bei Wärme nicht auf. Acrylkühler tun zur Not auch ihren Dienst. Größere Flaschenmengen lassen sich in Kühlboxen oder Styroporkartons mit Kühlelementen kühlen. Oder Sie besorgen die preiswerten Thermotüten, die es im Supermarkt für Tiefkühlkost gibt. Neben Kühlelementen helfen auch Eiswürfel bei der Kühlung – ganz abgesehen davon, daß Sie für bestimmte Drinks und Säfte ohnehin Eis brauchen. Wer nicht genug Eiswürfelbereiter hat, kann ausnahmsweise Eiswürfelbeutel von der Rolle nehmen: Sie sind besonders platzsparend.
Die Gläser sollten an einem Tisch zusammen mit den Getränken aufgebaut sein – sozusagen als Bar. Haben Sie wenig Platz, können Sie Tabletts mit Gläsern gleicher Höhe aufeinanderstapeln. Für den Aperitif sollten Sie ein Tablett schon fertig bestückt haben, so daß nur noch eingeschenkt werden muß. Ideal für Saft, aber auch für Thymianwein oder die kalte Ente sind sogenannte Bowlenkannen mit einem Glaseinsatz: Darin bleibt das Getränk kühl, ohne zu verwässern.
Tassen, Löffel, Sahne, Zucker und ein Rechaud für Mokka- oder Kaffeekanne können bei der »Bar« oder beim Dessert ihren Platz finden.

## Wie bleiben Suppe und Braten warm?

Unsere Buffets sind vorwiegend kalt oder höchstens zimmerwarm – um Ihnen die Arbeit zu erleichtern. Aber beim einen oder anderen Buffet sollten Suppe oder Braten doch besser heiß serviert werden. Am einfachsten geht das auf einem Rechaud mit Teelichtern – die Wärme reicht in der Regel aus. Vielleicht läßt sich auch das Raclette- oder Fonduegerät, der elektrische Wok, ein heißer Stein oder ein Tischgrill zum Warmhalten einsetzen. Gehen Sie Ihren Bestand im Geiste durch: Vielleicht besitzen Sie ja sogar eine Warmhalteplatte in der untersten Schublade…

## Kleine Mengenlehre

Mit Hilfe dieses Buches werden Sie kleine und große Buffets meistern. Wir haben die Rezepte für etwa 12 Personen konzipiert, weil man für weniger in der Regel ein Menü kocht. Aber wir möchten Ihnen ermöglichen, die Rezepte auch zu nutzen, wenn mehr oder weniger Gäste erwartet werden. Dafür haben wir bei jedem Buffet extra eine Spalte reserviert. Denn es ist meist nicht sinnvoll, die Rezepte nur entsprechend der Gästezahl zu vervielfachen. Bei einer kleineren Anzahl Gäste wird man z. B. die Auswahl etwas beschränken. So bieten wir Ihnen zu jedem Buffet eine Mini-Version für etwa 8 Personen an. Ist die Gästeschar größer, sollten sehr arbeitsaufwendige Rezepte wie z. B. Krabben im Spinatmantel wegfallen – die Mengen dürfen insgesamt etwas mäßiger erhöht werden, denn der »Sicherheitszuschlag« soll ja gleich bleiben, d. h. in jedem Fall nur etwa 2 Personen auffangen und nicht plötzlich 6. So finden Sie bei jedem Buffet genaue Angaben für eine Erweiterung für 16, 20, 25 und 30 Personen. Und die Getränke? Beim Aperitif sollten Sie mit höchstens 2 Gläsern pro Person rechnen. Gibt es nur Wein, kalkulieren Sie pro Person etwa 1 Liter (Vorsicht: Viele Flaschen enthalten nur 0,7 l!) Bei Bier dürften es eher 2 Liter sein. Die Nachfrage nach alkoholfreien Getränken steigt mit der Temperatur, dem Anteil an Damen und der Entfernung, die die Gäste nachher noch im Auto zurücklegen müssen: Halten Sie pro Gast etwa 2 Flaschen Mineralwasser bereit – das ist keine große Investition, und Sie können es nach der Feier selbst verbrauchen. Wollen Sie zusätzlich Säfte anbieten, reicht ½ Liter pro Person. Bei jedem Buffet finden Sie außerdem eine Alternative für einen alkoholfreien Aperitif.
2 Tassen Kaffee oder Mokka pro Person und die dazugehörige Sahne und Milch sollten Sie ebenfalls einplanen.

## Wenn Sie nicht soviel Zeit haben

Unsere Buffets laufen nicht nach dem Motto: alles oder nichts! Erschrecken Sie also nicht bei der Vielzahl der Rezepte: Sie finden bei jedem Buffet Empfehlungen unter der Rubrik: So wird's schneller. Dort ist aufgeführt, welche Rezepte Sie durch gekaufte Produkte ersetzen können, wo und wie ein Rezept vereinfacht werden kann. Darüber hinaus können Sie beim Mini-Buffet nachschlagen, auf welche 5–6 Rezepte Sie das Angebot reduzieren können. Wollen Sie diese vereinfachte Version für mehr als 8 Gäste zubereiten, müssen allerdings die Mengen entsprechend erhöht werden.

## Das klassische Drumherum

Zu einem Buffet gehören immer Brot als Beilage, eine Käseplatte, ein Obstkorb – und Kaffee oder Mokka. Diese Konstanten finden Sie deshalb nicht bei jedem Fest wieder extra aufgeführt. Wann Sie davon wieviel einkaufen und wie Sie was anrichten – das erfahren Sie hier. Grundsätzlich können Sie mit etwas mehr oder weniger dieser klassischen Beilagen eine leichte Erhöhung oder Verringerung der Gästezahl auffangen. Halten Sie sich an die folgenden Empfehlungen, und kaufen Sie nicht viel zuviel ein. Normalerweise überkommt einen am Vortag des Festes die Panik, es könnte nicht reichen. Wenn Sie vorher wirklich alles überdacht und kalkuliert haben, sollten Sie hart bleiben, tief durchatmen und nur die geplanten Einkäufe durchführen – sonst sitzen Sie nachher auf Restebergen!

## Der Brotkorb

Brot ist die neutralste Beilage zu allen Gerichten. Es gehört ebenso zu den Vorspeisen wie zum Hauptgang und zur Käseplatte. Deshalb sollte der Brotkorb immer am Anfang des Buffets stehen, eventuell noch eine kleinere Auswahl beim Käse am Ende der »Eßstrecke«. Insgesamt sollten Sie pro Person 80–100 g Brot, Baguette und Brötchen rechnen. Als Berechnungshilfe: ein Brötchen wiegt etwa 50 g. Bei Brot und Baguette kann das sehr unterschiedlich sein – also lieber nachwiegen lassen. Achten Sie auf eine ausgewogene Mischung von neutralem Brot wie Baguette, Spezialitäten wie Laugenbrötchen und Croissants und Gebäck mit Vollkorn, Nüssen oder Samen. In jedem Fall sollte spätestens beim Käse auch ein Laib herzhaftes Vollkornbrot angeboten werden. Das Brot brauchen Sie nur teilweise aufzuschneiden: Legen Sie es auf ein Holzbrett und ein Brotmesser dazu; so trocknet es nicht aus, und jeder kann nach Bedarf abschneiden. Baguette darf man brechen. Brötchen sollten eher Partygröße haben, also etwas kleiner sein. Sie finden in einem weiten Korb oder einer Schüssel Platz, die mit einem Leinentuch ausgelegt sein sollte. Je einfacher die übrigen Buffetzutaten, desto ausgefallener darf das Brot sein. Das kann natürlich sehr teuer werden – kalkulieren Sie das ein. Wenn Sie am Sonntag feiern, können Sie keine knackfrischen Brötchen anbieten. Verwenden Sie entweder Brötchen aus Kühlregal oder Tiefkühltruhe zum Selberbacken, oder bewahren Sie das Backwerk luftdicht auf und backen es auf (etwa 5 Minuten bei 200 Grad), kurz bevor die Gäste eintreffen.

*Bieten Sie Ihren Gästen Vielfalt: Weißbrot und Vollkornbrot, gewürztes und Nußbrot, Brötchen und Kringel.*

## Die Käseplatte

... gehört zu einem klassischen Buffet – denn »Käse schließt den Magen«. Wie umfangreich die Käseplatte ist, hängt vom Buffet ab. Bei unseren reichhaltigen Buffets reichen pro Person etwa 50 g Käse aus. Allerdings sollte eine Käseplatte ein Minimum von 1 kg Käse haben. Wenn die Gästezahl etwas höher ausfällt als ursprünglich geplant, kann man diesen »Überhang« mit einer größeren Käseauswahl gut auffangen. Aber auch bei einer kleinen Käseplatte sollte man zwei Grundsätze beherzigen:

- Bieten Sie mindestens vier verschiedene Sorten an. Achten Sie darauf, daß die vier klassischen Käsetypen repräsentiert werden:
Ein *Hartkäse* wie Emmentaler, Gruyère, Cheddar, Manchego, Parmesan,
ein *Schnittkäse* wie Gouda, Morbier, Saint Paulin, Pyrenäenkäse, Gaperon,
ein *Edelpilzkäse* wie Roquefort, Gorgonzola, Danablu, Stilton und
ein *Weichkäse* wie Brie, Camembert, Vignotte.
- Beschränken Sie sich lieber auf wenige Sorten, nehmen dafür aber jeweils ansehnliche Stücke: Zu viele kleine Käsestückchen wirken kleinlich und unübersichtlich. Außerdem kann keiner nach einem großen Buffet viele Käsesorten probieren – und die beliebtesten Sorten auf der Platte sind zu schnell weg. Also lieber mit wenigen Sorten klotzen, als mit einer Riesenauswahl kleckern.

Und wie wird der Käse angerichtet? Am besten, Sie legen den Käse am Stück auf ein Holzbrett oder eine Marmorplatte, auf der auch geschnitten werden kann. Ideal ist ein scharfes Käsemesser für den Hartkäse, falls vorhanden ein Käsehobel für den Schnittkäse und 1–2 kleine Messer für weichere Käsesorten. Die klassische Garnitur für eine Käseplatte sind weiße oder blaue Trauben. Aber Sie können auch pikant mit Radieschen, Tomaten und Gurken oder fruchtig mit Feigen, Birnen und Melonenspalten anrichten.

Bei einer größeren Käseplatte sollten Sie neben den Klassikern 1–2 besonders attraktive Käsesorten anbieten, zum Beispiel einen Fougeru mit Farnblatt, einen kegelförmigen Gaperon, den Banon in Kastanienblättern oder den hauchdünn in Flocken gehobelten Sbrinz. Statt eine sehr ausgewogene Mischung anzubieten, können Sie auch geschmackliche Akzente setzen: Legen Sie den Schwerpunkt auf milde Sorten, wenn das Buffet selber schon sehr rassig und kräftig ist. Oder wählen Sie ausgesprochen würzige, ausdrucksvolle Sorten, wenn's beim Buffet eher mild zugeht.

Im Zweifelsfall sollten Sie sich im Käsegeschäft beraten lassen – und ruhig probieren. Sie können den Käse ohne weiteres ein paar Tage früher kaufen. Dann aber in Frischhaltefolie einschlagen und im Keller oder an einem anderen kühlen Platz aufbewahren. Nur im Notfall auf den Kühlschrank ausweichen, dann aber das Gemüsefach wählen – sonst wird der Käse schnell hart und trocken. Auch für die Käseplatte gilt: solange wie möglich mit Frischhaltefolie bedecken – am besten, bis die Gäste eintreffen.

*Links vom herzförmigen Rollot liegt ein Fougeru, links darüber ein Morbier, daneben ein Tomme de Savoie, oben ein Fontina. Rechts vom Rollot ein Blauschimmelkäse, darunter 3 Sorten Schaf- und Ziegenkäse.*

## Der Obstkorb

... ist ein dekorativer Blickfang der Tafel. Und eine gute Ergänzung des Angebots, wenn zu später Stunde noch einmal der Appetit erwacht. Außerdem ist er eine stille Dessert-Reserve, wenn alle Schüsseln leer sind. Der Vorteil: Es gibt keine Probleme mit Resten, denn

Obst (das noch nicht geschält und geschnitten ist) hält sich etwas länger und wird sowieso in den täglichen Speiseplan integriert.
Bestücken Sie die Schale oder Etagere zunächst mit schlichten Obstsorten wie Apfel, Birne und Orange: das füllt. Je nach Jahreszeit sollten Sie für ein paar »Eyecatcher« sorgen: Exoten im Winter, Beeren im Sommer. Die zarten Früchtchen kommen obenauf, Trauben kann man dekorativ über den Rand hängen lassen: Der Obstkorb sollte immer üppig wirken.
Besonders schön wirkt eine Ananas. Lassen Sie das Prunkstück aber nicht im Ganzen stehen: Das bewältigt kein Gast. Schneiden Sie Deckel und Boden ab, schälen die Frucht wie einen Zylinder aus der Schale, schneiden sie in Scheiben und stanzen das harte Innere heraus. Anschließend wird die Ananas wieder stehend zusammengesetzt: Die Gäste müssen nur noch den Deckel »lüpfen« und die Ringe herausnehmen. Melonen sollten Sie als Schiffchen anrichten – ohne Kerne und vielleicht schon dekorativ in Stückchen geschnitten und versetzt auf die Schale gegeben. Zu großen Trauben sollten Sie eine Traubenschere legen – oder kleinere Ästchen im voraus durchtrennen. Sind Obstsorten dabei, die geschält werden müssen, sollten Sie Obstmesser dazulegen. Auf frische Mango verzichten Sie besser: Diese Frucht ohne Saftüberschwemmung zu tranchieren ist fast unmöglich!

## Kaffee, Mokka & Espresso

... sind mehr und mehr auch bei uns die Regel geworden: Nach einem ausgiebigen Essen machen sie müde Gäste wieder munter. Ganz klassisch ist natürlich der Mokka, der in kleinen Tassen mit Zucker und nur ausnahmsweise mit Sahne serviert wird. Verwenden Sie dazu besonders kräftig geröstetes, fein gemahlenes Mokka-Kaffeepulver. Für 1 l Mokka rechnet man 80–100 g Kaffeemehl. Für den türkischen Mokka wird das Kaffeepulver mit dem Wasser aufgekocht. Gießen Sie es dann noch durch einen Kaffeefilter: Nicht jeder mag den typischen Kaffeesatz auf dem Boden der Tasse.
An Beliebtheit zugenommen hat bei uns der italienische Espresso. Ganz »original« wird er mit einer Espressomaschine zubereitet: Nur in ihr entsteht der Druck, der den typischen Espresso ausmacht. Der Kaffeebedarf ist höher als bei Mokka: 150–180 g pro Liter. Doch bei größeren Mengen ist Espresso etwas schwieriger herzustellen: Die meisten Haushaltsgeräte sind nur für 2–4 Tassen angelegt.
Doch in der Regel freuen sich die Gäste auch über einen kräftigen Kaffee: Sie können ihn wie den Mokka dosieren, eine kräftige Sorte wählen und ganz »normal« in der Kaffeemaschine brühen. Es gibt auch Kaffeemaschinen mit einer speziellen Einstellung für besonders kräftigen Kaffee.
Am besten schmeckt der Kaffee oder Mokka natürlich frisch aufgebrüht. Richten Sie schon vor Festbeginn ein Tablett mit Tassen, Löffeln, Zucker und Sahne. Sie können die gefüllten Tassen herumreichen oder das Tablett neben die Kanne stellen, die auf einem Rechaud warm gehalten wird. Notfalls können Sie den Kaffee auch vorher kochen (lassen) und in einer guten Isolierkanne bis zum Servieren warm halten. Aber länger als 2 Stunden sollte der Kaffee nicht stehen: Er wird sonst bitter. Wer seine Gäste ganz besonders verwöhnen will, reicht zum Mokka noch etwas Konfekt oder Kleingebäck – erstaunlicherweise findet das auch nach einem ausgedehnten Essen immer noch begeisterte Abnehmer.

# Exotisches Buffet

Früchte und Gewürze aus dem Fernen Osten machen Furore. Und gerade im Winter, wenn bei uns wenig Frisches wächst, haben die Exoten Saison. Also der ideale Zeitpunkt, sich kulinarisch ein wenig dem Fernweh hinzugeben. Wir stellen Ihnen ein exotisches Buffet vor mit indisch-chinesisch-indonesisch-japanischem Einschlag. Fast alle Zutaten sind in normalen Lebensmittelgeschäften zumindest in der Spezialitäten-Ecke zu bekommen. Die Zusammensetzung des Buffets entspricht unseren Eßgewohnheiten – die einzelnen Gerichte sind den unterschiedlichen fernöstlichen Küchen nachempfunden. Indischen Ursprung haben die kühlen, erfrischenden Salate aus Gurke bzw. Tomate und das Möhrenhalwa. Sushi kommt aus Japan, die Frühlingsrollen, das Sesam-Huhn und der gebratene Reis sind chinesische Klassiker. Indonesische Akzente setzen Erdnußbutter und Kokos-Blancmanger. Da die asiatische Küche große Braten nicht kennt – alles wird dort ja kleingeschnitten und mit Fingern oder Stäbchen gegessen –, haben wir mit dem Schinkenbraten etwas gemogelt: Lediglich die Zutaten sind exotisch. Dieses Buffet ist etwas für Menschen, die Neuem gegenüber aufgeschlossen sind. Die Gerichte bieten reichlich Gesprächsstoff, so daß Sie auch Gäste, die sich wenig kennen, beim exotischen Buffet zusammenbringen können. Und Globetrotter werden es lieben!

**Das gibt es**

- Gurken-Raita
- Tomaten-Minze-Salat
- Sushi
- Frühlingsrollen
- Erdnußsauce
- Mariniertes Sesam-Huhn
- Gebratener Reis
- Exotischer Schinkenbraten
- Kokos-Blancmanger mit Mangosauce
- Möhrenhalwa

**So wird's schneller!**

- **Gurken-Raita** und **Tomaten-Minze-Salat** sind schon so einfach und schnell – keine Vereinfachung möglich.
- **Sushi** ist einfach, kostet aber Zeit. Entweder Sie streichen es ersatzlos, oder Sie versuchen, fertige Sushi (Asienläden in größeren Städten) zu bekommen.
- **Frühlingsrollen** gibt es in guter Qualität als Tiefkühlprodukt – dann sind sie aber meistens ziemlich groß –, Sie sollten sie in Scheiben schneiden. Besser: kleine Frühlingsrollen im China-Restaurant oder im Asienladen in größeren Städten besorgen.
- Die **Erdnußsauce** geht mit fertiger Erdnußbutter oder -mus und Kokosmilch aus der Dose viel schneller. Im Asienladen gibt es auch fertige Erdnußsauce, die Sie mit etwas Zitronensaft abschmecken können.
- Das **marinierte Sesam-Huhn** wird schneller, wenn Sie ein fertig gebratenes Huhn zerlegen, marinieren und anrichten wie im Rezept.
- Der **gebratene Reis** ist sehr unkompliziert. Wer gar keine Zeit hat, kann auf tiefgefrorenes chinesisches Pfannengemüse zurückgreifen.
- Der **exotische Schinkenbraten** wird schneller, wenn Sie auf's Spicken verzichten und den Braten mit einer Mischung aus gemahlenem Ingwer und gehacktem Knoblauch einreiben. Fertige Ananas aus 1 großen Dose (ungezuckert) und 1 großes Glas Silberzwiebeln sparen Zeit für Putzen und Schälen.
- Das **Kokos-Blancmanger** wird mit 1 kleinen Dose Kokosmilch statt der frischen Nuß unkompliziert.
- Das **Möhrenhalwa**, das etwas aufwendig ist, kann durch einen exotischen Obstkorb mit Kiwi, Lychees, Ananas und Orangen ersetzt werden.

**Das gibt's zu trinken**

In Asien haben alkoholische Getränke keine große Tradition. Erst die Engländer haben die Cocktails dort eingeführt. Als Aperitif schlage ich einen Klassiker vor: **Singapore Sling**. Dazu werden 5 cl Gin mit 2 cl Cherry Brandy, 3 cl Zitronensaft, 6 cl Ananassaft und 1 Schuß Grenadine im Shaker auf Eis geschüttelt und in ein Longdrink-Glas auf Eis gegossen. Dann mit Sodawasser auffüllen. Fehlt Ihnen dazu die Zeit und der richtige Barkeeper, können Sie alternativ Gin Tonic reichen: Gin auf Eis mit Tonicwasser aufgegossen. Als alkoholfreien Drink können Sie Tropen-Cocktail anbieten aus Ananassaft mit Limejuice und Grenadine.
Zum Essen wird im Fernen Osten am liebsten Bier getrunken, denn der Durst ist in den Tropen größer und richtige Weinlagerung kaum möglich. Aber im Winter schmeckt auch ein gehaltvoller Weiß- oder Rotwein gut. Für alle, die auf Alkohol verzichten möchten, sind tropische Fruchtsäfte eine ideale Alternative.

**• Als Aperitif:**
Singapore Sling oder Gin Tonic oder
Tropen-Cocktail (alkoholfrei)

**• Zum Essen:**
Bier (Export)
gehaltvoller Weißwein (trockener Tokajer, elsässischer Gewürztraminer oder Graubugunder)
Rotwein (Bordeaux, Barriqueweine)
Tropische Fruchtsäfte

**• Zum Mokka:**
Pflaumenwein
Reiswein
Maotai (chinesischer Schnaps)

*Servieren Sie Ihren Gästen einen klassischen Gin Tonic (links) oder einen fruchtigen Singapore Sling (rechts).*

## Deko-Ideen

• Exotisch darf das Drumherum schon sein. Sie haben verschiedene Möglichkeiten der Gestaltung: Klassisch und sehr elegant ist die chinesische rot-schwarze Kombination mit glänzend lackierten Oberflächen. Schwarzes eckiges Geschirr gibt es aus Glasporzellan sehr preiswert in Großmärkten. Da Sie eigentlich nur Teller brauchen, ist die Kombination zu überlegen. Aber auch durchsichtiges Glasgeschirr ist möglich. Als Decke ist dunkelrote Lackfolie ideal. Dekorativ wirkt der gebratene Reis im Wok: Wer kein Elektrogerät hat, kann ihn auch auf einen Rechaud stellen. Alternativ zu diesem China-Look können Sie Ihre Tafel eher indonesisch aufmachen: Dann sind leuchtende Farben wie kräftiges Pink, Türkis, Grün und Knallblau möglich – Stoffe eventuell gebatikt. Besorgen Sie kleine Palmblätter im Blumenladen und dekorieren Sie die Tafel damit. Sie können auch aus unterschiedlichen Grüntönen eine »Dschungelfolie« für den Tisch schneiden. Orchideen sind als Einzelblüten in flachen Gläsern schwimmend erschwinglich und wunderhübsch. Bastschalen für Brot (Pitafladen oder indische Papads passen gut) oder Obst ergänzen das Dschungel-Ambiente. Hierzu ist Terrakotta am schönsten.

• Wenn Sie sich in einem Asienladen umsehen, fallen Ihnen sicher jede Menge typische Kleinigkeiten auf: Stäbchen, Fächer, Reispapier und chinesisches Briefpapier. Diese Accessoires lassen sich prima als Einladung verwenden: die Stäbchen (müssen zum Fest mitgebracht werden) durch den Briefbogen gepiekst, der Fächer direkt beschrieben, Reispapier als Briefpapier oder Wundermuscheln und Papierschirmchen. Künstlerisch Begabte können die Einladung mit einer Kalligraphie-Feder zu Papier bringen. Sie können aber auch mit einfachen optischen Tricks arbeiten: Schreiben Sie die Einladung, und legen Sie sie mit Reiskörnern auf den Kopierer – das Ergebnis ist verblüffend.

## Zeitplan

| | |
|---|---|
| 1 Woche vorher: | • Frühlingsrollen zubereiten und einfrieren. |
| 2 Tage vorher: | • Getränke besorgen.<br>• Erdnußsauce zubereiten.<br>• Blancmanger herstellen.<br>• Möhrenhalwa kochen. |
| Am Vortag: | • Exotischen Schinkenbraten herstellen.<br>• Mariniertes Sesam-Huhn zubereiten.<br>• Frühlingsrollen im Kühlschrank auftauen. |
| Am Tag selber: | • Beide Salate herstellen.<br>• Gebratenen Reis vorbereiten.<br>• Sushi zubereiten. |
| 1–2 Stunden vor Festbeginn: | • Blancmanger stürzen, Mango pürieren, anrichten.<br>• Frühlingsrollen unter dem Grill aufbacken.<br>• Schinkenbraten nach Belieben bei 160 Grad (Gas Stufe 1) erwärmen, aufschneiden, Sauce erhitzen.<br>• Reis braten.<br>• Buffet auffüllen. |

## So verändern Sie die Mengen

(Rezeptangaben bitte mit den Tabellenwerten multiplizieren)

| Zutaten für | 8 | 16 | 20 | 25 | 30 Pers. |
|---|---|---|---|---|---|
| Gurken-Raita | – | 1⅓ | 1⅔ | 2 | 2 |
| Tomaten-Minze-Salat | 1 | 1⅓ | 1½ | 1½ | 2 |
| Sushi | 1 | 1 | 1 | 1 | – |
| Frühlingsrollen | – | 1 | 1½ | 2[a] | 2[a] |
| Erdnußsauce | – | 1⅓ | 1½ | 2 | 2 |
| Marin. Sesam-Huhn | – | 1½ | 1½ | 2 | 2 |
| Gebratener Reis | 1 | 1 | 1½ | 1½ | 1½ |
| Exot. Schinkenbraten | 1 | 1½ | 1½ | 2 | 2 |
| Kokos-Blancmanger | 1 | 1 | 2 | 2 | 2 |
| Möhrenhalwa | – | 1½ | 1 | 1½ | 2 |

[a]) Das Kokosfett im Backofen in der Fettpfanne schmelzen, die Frühlingsrollen in das Fett legen und bei starker Hitze unter häufigem Wenden etwa 2–3 Minuten grillen

## Gurken-Raita

3 Salatgurken
Salz
Pfeffer, frisch gemahlen
4 rote Peperoni
1 Knoblauchzehe
1 walnußgroßes Stück Ingwer
150 g Joghurt (3,5 % Fett)
150 g saure Sahne (10 % Fett)
1 Bund frischer Koriander

**Gelingt leicht**

Zubereitungszeit: etwa 1½ Stunden

**1.** Die Gurken waschen, schälen, längs halbieren und die Kerne herauskratzen. Die Gurken in dünne Scheiben schneiden, mit Salz und Pfeffer bestreuen und etwa 1 Stunde im Kühlschrank ziehen lassen.

**2.** Inzwischen die Peperoni waschen, den Stielansatz abschneiden und die Schoten halbieren. Die scharfen Kerne und Zwischenwände entfernen und die Schoten in feine Würfel schneiden. Die Knoblauchzehe schälen und fein würfeln. Den Ingwer schälen und fein raspeln.

**3.** Den Joghurt mit dem Sauerrahm schlagen, Peperoni, Knoblauch und Ingwer unterziehen. Die Gurken gut abtropfen lassen und unterheben. Zum Schluß den Koriander waschen, trockentupfen, die Blätter abzupfen und grob hacken, unter die Joghurtmasse ziehen, das Raita kalt stellen.

## Tomaten-Minze-Salat

1 kg reife kleine Tomaten
1 Bund Frühlingszwiebeln
1 Bund Minze
1 Limette
2 Teel. Rohrzucker
1 Msp. Chilipulver
Salz

**Gelingt leicht • Geht schnell**

Zubereitungszeit: etwa 30 Minuten

**1.** Die Tomaten waschen und mit kochendem Wasser etwa 2 Minuten überbrühen. Mit kaltem Wasser kurz abschrecken und die Haut abziehen. Den Stielansatz entfernen, die Tomaten in schmale Spalten schneiden.

**2.** Die Zwiebeln waschen, Wurzeln, Blattenden und äußere, welke Blätter entfernen. Die Frühlingszwiebeln in dünne Ringe schneiden. Die Minze waschen und trockenschütteln, die Blätter abzupfen und fein hacken.

**3.** Die Limette halbieren und auspressen. Den Saft mit dem Zucker verrühren, bis dieser sich aufgelöst hat. Dann mit dem Chilipulver und dem Salz abschmecken. Diese Marinade mit den Tomaten, den Frühlingszwiebeln und der Hälfte von der Minze gut vermischen, alles in eine Schüssel geben, die restliche Minze darüberstreuen und den Salat kalt stellen.

# Sushi

Für den Reis:
300 g Rundkornreis (Klebreis)
5 Eßl. Reisessig
2 gestr. Teel. Salz
1 Eßl. Zucker
Für die Garnitur:
1 1/2 Blätter Nori (gerösteter Seetang)
1/2 Avocado
2 Eßl. japanischer Meerrettich
40 g Keta-Kaviar
3 Frühlingszwiebeln
1 Teel. geriebener Ingwer
18 große gegarte Krabben (etwa 200 g)
150 g Graved Lachs oder Räucherlachs

**Dekorativ • Braucht etwas Zeit**

Zubereitungszeit: etwa 2 Stunden
(+ 1 Stunde Ruhen)

**1.** Den Reis gründlich waschen, bis das Wasser klar bleibt, dann in einem Sieb etwa 1 Stunde ruhen lassen. In einen Topf geben, 600 ml Wasser dazugießen und sprudelnd aufkochen lassen. Dann bei schwacher Hitze zugedeckt etwa 15 Minuten weitergaren. Von der Platte ziehen und weitere 15 Minuten ausquellen lassen.

**2.** Inzwischen 3 Eßlöffel Essig, das Salz und den Zucker unter Rühren erwärmen, bis sich alles aufgelöst hat. Auf Handwärme abkühlen lassen. Den fertigen Reis auf ein sauberes Backblech ausbreiten. Mit einem Holzspatel nach und nach die Essiglösung unterziehen. Der Reis sollte dabei nicht zu naß werden und Zimmertemperatur erreichen.

**3.** Für die Sushi auf ein Küchentuch (die Japaner nehmen eine spezielle Bambusmatte) 1 1/2 Blatt Nori überlappend nebeneinander legen und den Reis gleichmäßig etwa 1 cm hoch darauf verteilen (an einer Kante etwa 1 cm freilassen). In die Mitte der Länge nach eine etwa 1,5 cm breite Rille drücken. Die Avocadohälfte schälen und den Stein entfernen. Lange, dünne Streifen (etwa 1 x 1 cm) schneiden und mit der Reisessig-Mischung beträufeln. Die Streifen in die Rille drücken und sehr dünn mit Meerrettich bestreichen.

**4.** Das Küchentuch oder die Bambusmatte an einem Ende anheben, so daß sich der Reis um die Füllung schließt und das Sushi rund ist. Dann fest und gleichmäßig rund rollen. Mit einem scharfen Messer in etwa 3 cm breite Stücke schneiden. Mit der Schnittfläche nach unten anrichten. Auf jedes zweite Sushi einen Teelöffel Keta-Kaviar setzen. Sushi bis zum Essen kalt stellen.

**5.** Für die Krabben-Sushi die Frühlingszwiebeln putzen, waschen, der Länge nach aufschneiden und in sprudelnd kochendem Salzwasser etwa 1 Minute blanchieren, kalt abschrecken. Den Ingwer mit 1 Eßlöffel Reisessig mischen und die Krabben damit bestreichen. Jeweils 1 Eßlöffel Reis in die Hand nehmen und zu einem länglichen Laib pressen. Jeweils eine Krabbe auf den Reis drücken, zusammenpressen und einen Streifen Frühlingszwiebel darumwickeln. Sushi mit der Krabbe nach oben anrichten.

**6.** Den Lachs mit 1 Eßlöffel Reisessig beträufeln und dünn mit dem Meerrettich bestreichen. Wieder 1 Eßlöffel Reis zusammenpressen und in eine Scheibe Lachs wickeln, zusammendrücken, mit der Nahtstelle nach unten anrichten.

**7.** Sushi auf einem schwarzroten Lacktablett oder einem japanischen Sushibrett anrichten.

**Tip**

Nori und den Meerrettich bekommen Sie im Asienladen oder den entsprechenden Abteilungen großer Kaufhäuser.

# Frühlingsrollen

2 getrocknete Muh-err-Pilze
2 Frühlingszwiebeln
2 kleine Bundmöhren
1 Knoblauchzehe
2 rote Chilischoten
100 g Sojasprossen
100 g gekochter Schinken
3 Stengel Zitronengras
1–2 Eßl. Sesamöl
1–2 Eßl. Sojasauce
2 Teel. Reiswein
1 Kopfsalat
24 Blatt Reispapier (etwa 15 cm ⌀)
etwa 100 g Kokosfett

**Raffiniert • Braucht Zeit**

Zubereitungszeit: etwa 2 Stunden

**1.** Die Pilze in einer Tasse Wasser einweichen. Inzwischen die Frühlingszwiebeln und die Möhren waschen und putzen bzw. schälen. Die Frühlingszwiebeln in feine Ringe und die Möhren in feine Streifen schneiden.

**2.** Die Knoblauchzehe schälen und in feine Würfel schneiden. Die Chilischoten waschen, Stiele entfernen, die Schoten halbieren und die scharfen Kerne und Zwischenwände entfernen. Die Schoten in feine Würfel schneiden. Danach mit den Händen keinesfalls an die Augen oder Schleimhäute fassen! Am besten Hände gründlich waschen. Die Sojasprossen hacken. Den gekochten Schinken in feine Würfel schneiden. Das Zitronengras waschen, die unteren 10 cm in feine Scheiben schneiden.

**3.** Das Sesamöl in einer großen Pfanne oder einem Wok erhitzen, unter ständigem Rühren Möhren, Zwiebeln, Knoblauch, Chilischoten, Zitronengras, Sojasprossen und den Schinken etwa 3 Minuten unter ständigem Rühren braten. Mit Sojasauce und Reiswein abschmecken.

**4.** Die einzelnen Blätter vom Salat lösen, waschen und abtropfen lassen. Zwei Küchentücher gut anfeuchten. Jeweils 1 Partie Reispapier so auf ein Tuch legen, daß sie sich nicht berühren, mit dem zweiten Tuch abdecken und 1–2 Minuten ziehen lassen, bis das Papier weich ist. Alle Reispapierblätter auf diese Weise anfeuchten.

**5.** Jeweils auf 1 Reispapier ein Stück Salatblatt legen, das den Mittelstreifen bedeckt. 1–2 Eßlöffel Gemüsefüllung darauf verteilen. Nun die untere Kante und eine Seite einschlagen. Dann die Oberkante einschlagen und die Rolle schließen.

**6.** Das Kokosfett im Wok oder einer großen Pfanne stark erhitzen und die Röllchen portionsweise in etwa 3 Minuten goldbraun braten. Darauf achten, daß sie sich nicht berühren. Auf einem Küchenpapier abtropfen lassen. Abkühlen und kalt stellen.

# Erdnußsauce

250 g frische Erdnüsse in der Schale
250 g Kokosraspel
1 Bund Petersilie
1 Teel. grüne Pfefferkörner
1 Eßl. Sojasauce
1 Eßl. scharfer Senf
1–2 Eßl. Zitronensaft
Salz
schwarzer Pfeffer, frisch gemahlen
1–2 Teel. Sambal Oelek

**Pikant • Exotisch**

Zubereitungszeit: etwa 40 Minuten

**1.** Die Erdnüsse aus der Schale pulen, die feine, braune Haut abreiben und die Nüsse in der Pfanne bei mittlerer Hitze ohne Fett rösten, bis sie duften. Herausnehmen und abkühlen lassen.

**2.** ½ l Wasser zum Kochen bringen und die Kokosnußraspel darin aufkochen. Vom Herd ziehen und etwas abkühlen lassen, dann durch ein Mulltuch gießen und das Tuch kräftig ausdrücken. Die Kokosmilch auffangen.

**3.** Die Petersilie mit kaltem Wasser abbrausen, in der Salatschleuder trocknen und die Blättchen von den Stielen zupfen. Die Blättchen mit dem Großteil der Erdnüsse und den grünen Pfefferkörnern im Kompaktmixer oder mit dem Pürierstab zerkleinern, so viel Kokosmilch dazugießen, daß die Sauce eine cremige Konsistenz bekommt.

**4.** Die Sojasauce, den Senf, den Zitronensaft, etwas Salz und Pfeffer unter die Sauce ziehen. Mit dem Sambal Oelek scharf abschmecken, die restlichen Erdnüsse darüber streuen und zu den Frühlingsrollen reichen.

# Mariniertes Sesam-Huhn

500 g Hühnerbrust
1 Eßl. Sesamöl
Salz
weißer Pfeffer, frisch gemahlen
3–4 Sellerieblätter
1 Zwiebel
2 Eßl. milde Sojasauce
½ Teel. chines. Fünf-Gewürz-Pulver
2 Eßl. Limettensaft
1 Eßl. Akazienhonig
1 Stückchen frischer Ingwer
3 Frühlingszwiebeln
4 Eßl. Sesamsamen

**Apart • Gut vorzubereiten**

Zubereitungszeit: etwa 40 Minuten (+ 30 Minuten Garen)

**1.** Die Hühnerbrüste mit dem Sesamöl, dem Salz und dem Pfeffer einreiben. Die Sellerieblätter waschen und abtropfen lassen. Die Zwiebel schälen und in Scheiben hobeln. Den Backofen auf 180 Grad (Gas Stufe 2) vorheizen. Ein Stück Alufolie auf der blanken Seite mit etwas Sesamöl einstreichen, die Hühnerbrüste darauf legen. Die Zwiebelscheiben und die Sellerieblätter um das Fleisch legen und alles in die Folie einschlagen. Folie dicht verschließen.

**2.** Das Fleisch im Backofen (Mitte) in etwa 30 Minuten garen. Herausnehmen und in der Folie abkühlen lassen.

**3.** Inzwischen aus der Sojasauce, dem Gewürzpulver, dem Limettensaft und dem Akazienhonig mit 3 Eßlöffeln Wasser eine Marinade rühren. Den Fleischsaft aus dem Alupäckchen dazugießen. Die Zwiebelringe und Sellerieblätter vom Hühnerfleisch abkratzen. Das Fleisch in Scheiben schneiden und auf einer Platte anrichten.

**4.** Die Marinade abschmecken und über das Fleisch gießen. Den Ingwer schälen und fein hacken. Die Frühlingszwiebeln waschen, putzen und in feine Ringe schneiden. Die Sesamsamen in einer Pfanne bei mittlerer Hitze rösten, bis sie duften. Ingwer, Zwiebeln und Sesamsamen über das Fleisch streuen und das Sesam-Huhn bis zum Essen kalt stellen.

## Gebratener Reis

400 g Basmatireis
Salz
20 g getrocknete chinesische Pilze
2 dünne Stangen Lauch (je etwa 200 g)
1 Bund Möhren (etwa 350 g)
150 g Zuckererbsen
2 Knoblauchzehen
1 Stengel Zitronengras
3 Eßl. Sesamöl
3 Eßl. Pflanzenöl
150 g Sojasprossen
3–4 Eßl. Sojasauce
3–4 Eßl. Reiswein

**Klassisch • Gelingt leicht**

Zubereitungszeit: etwa 1¼ Stunden (+ 30 Minuten für den Reis)

**1.** Den Reis am Vormittag in einem Topf anwärmen, mit 1 l heißem Wasser übergießen, 1 Teelöffel Salz dazugeben und einmal aufkochen lassen. Bei schwacher Hitze in etwa 30 Minuten ausquellen lassen. Auf einer Platte ausbreiten und ausdampfen lassen.

**2.** Die Pilze mit warmem Wasser bedecken und etwa 1 Stunde quellen lassen. Inzwischen den Lauch putzen, seitlich aufschneiden und unter kaltem Wasser gründlich waschen. Die Lauchstangen in dünne Ringe schneiden. Die Möhren waschen, schälen und in feine Streifen hobeln. Die Zuckererbsen waschen, die Enden abzwicken und dabei die Fäden abziehen. Die Knoblauchzehen schälen und sehr fein hacken. Die Pilze abtropfen lassen und ebenfalls in sehr feine Streifen schneiden. Das Pilzwasser aufheben. Die unteren 10 cm vom Zitronengras waschen und in dünne Scheibchen schneiden.

**3.** Das Sesam- und das Pflanzenöl zusammen in einem Wok stark erhitzen. Alles Gemüse (auch die Sojasprossen) samt Knoblauch und Zitronengras dazugeben und unter Rühren 1–2 Minuten braten. Dann den Reis dazugeben, mit dem Gemüse mischen und etwa 5 Minuten braten, bis alles heiß ist. Mit der Sojasauce, dem Pilzwasser und dem Reiswein abschmecken. Im Wok auf's Buffet stellen.

• Wer keinen Wok hat, kann das Gemüse kurz in einer normalen Pfanne anbraten und dann mit dem Reis auf einem gefetteten Backblech verteilen. Im Backofen bei 240 Grad (Gas Stufe 4) etwa 15 Minuten überbacken, dabei ab und zu wenden.

## Exotischer Schinkenbraten

1 Ananas
2 Knoblauchzehen
50 g frischer Ingwer
1,8 kg Burgunderrollbraten (gepökelter, geräucherter Schweinebraten)
Muskatnuß, frisch gerieben
Pfeffer, frisch gemahlen
300 g Schalotten
100 ml Orangensaft
2 Eßl. brauner Rohrzucker

**Raffiniert • Gut vorzubereiten**

Zubereitungszeit: etwa 2½ Stunden

**1.** Die Ananas schälen, in der Mitte quer durchschneiden und mit einem Apfelausstecher den harten Strunk ausstechen. Die beiden Hälften in Ringe, diese in kleine Segmente schneiden. Den Saft dabei auffangen.

**2.** Die Knoblauchzehen und den Ingwer schälen. Beides in Stifte schneiden und das Fleisch damit spicken. Rundherum mit Muskatnuß und Pfeffer einreiben. In einen Bräter oder Schmortopf setzen und mit dem Ananassaft begießen.

**3.** Den Backofen auf 200 Grad (Gas Stufe 3) vorheizen. Den Bräter oder Schmortopf zugedeckt in den heißen Ofen (unten) schieben.

**4.** In der Zwischenzeit die Schalotten schälen. Nach etwa 20 Minuten Bratzeit die Schalotten zum Braten geben, Braten wenden und mit dem Fond begießen. Nach wiederum etwa 20 Minuten die Ananasstückchen dazugeben, den Braten mit dem Orangensaft begießen und etwa 20 Minuten weiterschmoren.

**5.** Nach insgesamt 1 Stunde Garzeit den Braten mit dem Rohrzucker bestreuen und im geöffneten Bräter etwa 10 Minuten Farbe bekommen lassen. Dann aus dem Ofen nehmen und im geschlossenen Bräter abkühlen lassen. Die Ananas-Zwiebel-Mischung zum aufgeschnittenen Braten reichen. Schmeckt lauwarm oder kalt.

# Kokos-Blancmanger mit Mangosauce

1 reife Kokosnuß
½ l Milch
80 g Kleehonig
¼ Teel. gemahlenes Kardamom
8 Blatt weiße Gelatine
250 g süße Sahne
1–2 reife Mangos (etwa 400 g)
2 Eßl. Zucker
1 Eßl. weißer Rum oder Arrak
nach Belieben: einige Melisseblätter

**Dekorativ • Edel**

Zubereitungszeit: etwa 1 Stunde (+ 12 Stunden Ziehen + 4 Stunden Gelieren)

**1.** Die Kokusnuß aufsägen, dabei die Kokosmilch auffangen. Das Fruchtfleisch aus der Schale brechen und mit einem Sparschäler von der braunen Haut befreien. Unter kaltem Wasser kurz abspülen.

**2.** Die Stücke im Blitzhacker sehr fein pürieren, dabei nach und nach die Milch dazugeben, damit die Masse geschmeidig wird. Am Schluß den Honig und das Kardamom unterrühren. Diese Mischung am besten über Nacht, mindestens aber 2 Stunden ziehen lassen.

**3.** Das Kokosmus durch ein Mulltuch gießen und aus dem Mark soviel Flüssigkeit wie möglich auspressen und auffangen. Die Gelatine einweichen, tropfnaß in einem Topf bei kleiner Hitze auflösen. Topf vom Herd ziehen und löffelweise die Kokosmilch unter die Gelatine ziehen. Die Mischung kalt stellen, bis sie beginnt, an den Rändern fest zu werden.

**4.** Die Sahne steif schlagen, unter die Kokosmilch ziehen und in eine große Form (Inhalt etwa 0,7 l) oder mehrere kleine Förmchen gießen. Kalt stellen.

**5.** Nach etwa 4 Stunden die Mangos schälen und vom Kern schneiden, mit dem Zucker und dem Rum pürieren. Einige dünne Mangoscheiben beiseite legen. Die Sauce auf einer tiefen Platte verteilen. Das Blancmanger stürzen und auf das Mangopüree setzen. Mit je einer gerollten Mangoscheibe und nach Belieben Melisseblättern garnieren.

# Möhrenhalwa

500 g junge Möhren
1½ l Milch
1 Msp. Safranfäden
1 unbehandelte Limette
200 g Zucker
50 g geschälte gemahlene Mandeln

**Braucht etwas Zeit**

Zubereitungszeit: etwa 2 Stunden

**1.** Die Möhren waschen, putzen, schälen und fein reiben. In der Milch zum Kochen bringen und etwa 30 Minuten bei mittlerer Hitze offen kochen, bis die Möhren weich sind.

**2.** Inzwischen die Safranfäden in 2 Eßlöffel heißem Wasser auflösen. Die Limette heiß abwaschen, abtrocknen und die Schale abreiben. Den Safran, die Limettenschale und den Zucker zur Karottenmilch geben. So lange mit dem Pürierstab rühren, bis sich der Zucker aufgelöst hat. Die Karottenmilch bei mittlerer Hitze offen so lange kochen lassen, bis sie eine dickliche Konsistenz hat. Ab und zu umrühren.

**3.** Die Limette auspressen und den Saft mit den Mandeln zum Möhrenhalwa geben, umrühren, nochmals aufkochen lassen und in eine große oder mehrere kleine Schüsseln füllen. Kalt stellen.

• Dazu paßt ein Obstsalat aus Lychees oder Mangostanes, Mango, Ananas, Papaya, Kiwi, Mini-Bananen in Limettensauce.

• Sie können das Halwa auch mit Safranfäden garnieren.

CHAMPAGNE

# Sektfrühstück

Ganz gleich, wie man's nennt: Sekt- oder Gabelfrühstück oder Brunch – dieses Fest beginnt am späten Vormittag und endet je nach Lust und Laune erst nachmittags. Wer die Feier zeitlich begrenzen will, sollte das auf der Einladung vermerken oder zu einem bestimmten Zeitpunkt eine Unternehmung einplanen, z. B. einen gemeinsamen Spaziergang. Sie haben viel Zeit für Ihre Gäste – allerdings können Sie die Einladung nur am Wochenende machen. Ein weiterer Vorteil: Kinder können mitfeiern. Also ideal, wenn die ganze Familie dabei sein soll. Kulinarisch ist unser Sektfrühstück so zusammengestellt, daß es Frühstück und Mittagessen verbindet. Es kann also neben Sekt und Säften auch Kaffee und Tee gereicht werden. Doch werden Sie auch ohne auskommen, denn die heiße Pilzessenz wirkt sehr anregend. Pikante Kleinigkeiten auf Fisch- oder Fleischbasis werden durch süßes und salziges Gebäck ergänzt – und am Nachmittag gibt es den Butterkuchen. Halten Sie zusätzlich 4–6 Baguettes bereit. Sekt und verschiedene Fruchtsäfte sind die unkompliziertesten Getränke. Wenn Sie auch Tee und Kaffee anbieten wollen, brauchen Sie große Thermoskannen (am besten mit Pumpmechanismus) oder eine Hilfskraft in der Küche.
Ein Sektfrühstück ist in jedem Fall eine gute Gelegenheit für Abendmuffel, Familien und ältere Herrschaften, richtig schön zu feiern!

## Das gibt es

- Pilzessenz
- Pesto-Herzen
- Krabben-Quiches
- Palmherzen im Lachsmantel
- Heringsfilets in Mangosahne
- Artischocken mit Eiercreme
- Gefüllte Hähnchenfilets
- Rinder-Carpaccio
- Kleine Buttermilch-Fladen
- Butterkuchen
- Orangen-Sülzchen

## So wird's schneller

- Die **Pilzessenz** läßt sich problemlos einfrieren. Eine Alternative ist Mockturtlesuppe (unechte Schildkrötensuppe) oder Klare Ochsenschwanzsuppe aus der Dose.
- **Pesto-Herzen** zur Suppe lassen sich durch gekaufte Käsestangen oder Grissini ersetzen.
- Bei den **Krabben-Quiches** sparen Sie Zeit, wenn Sie tiefgekühlten Blätterteig (pro Tortelett ½ kleine, tiefgekühlte rechteckige Platte) und tiefgekühlten Broccoli (300 g) verwenden.
- **Palmherzen im Lachsmantel** gehen schneller, wenn die Lachsscheiben einfach auf die Salatblätter gegeben und die Palmherzen in Scheiben darüber angerichtet werden. Für das Dressing statt Kerbel tiefgekühlte Salatkräuter nehmen.
- **Heringsfilets mit Mangosahne** ist unkompliziert: Das sollten Sie nicht ändern.
- Statt **Artischocken mit Eiercreme** einfach 12 hartgekochte Eierhälften auf gehackten Kräutern anrichten.
- Statt **gefüllte Hähnchenfilets** fertig gebratene, kalte Hähnchenbrust kaufen, die Haut abziehen und die Brüstchen quer aufschneiden. Dazu fertige leichte Remoulade reichen.
- **Carpaccio** geht einfach und schnell, wenn Sie es vom Metzger auf eine Platte schneiden lassen. Als Alternative können Sie 100 g luftgetrockneten Schinken und 150 g Lachsschinken reichen.
- **Buttermilch-Fladen** durch Party-Brötchen vom Bäcker ersetzen.
- Den **Butterkuchen** ebenfalls beim Bäcker bestellen.
- Statt der **Orangen-Sülzchen** eine Auswahl von Fruchtjoghurts bereitstellen oder halbierte Grapefruits anbieten.

## Das gibt's zu trinken

Trockenen Sekt und 2–3 unterschiedliche Fruchtsäfte sollten Sie unbedingt anbieten. Achten Sie darauf, daß die Säfte farblich kontrastieren: Orangensaft, roter Johannisbeersaft und heller Traubensaft sind Möglichkeiten, die sich zudem gut mit Sekt ergänzen. Kaffee und Tee machen etwas mehr Mühe, richten aber Ihre Gäste schnell wieder auf – vor allem im Laufe des Nachmittags. Auf harte Sachen können Sie ganz verzichten. Eventuell können Sie gegen Mittag einen leichten Weißwein anbieten.

- **Zum Essen:**

trockener Sekt, verschiedene Fruchtsäfte
Kaffee, Tee

*Mit farbenfrohen Blumen, z. B. Amaryllis, können Sie das Buffet um schöne Farbtupfer bereichern.*

## Deko-Ideen

• Beim Sektfrühstück darf es ganz klassisch zugehen: Decken Sie weißes Leinen, polieren Sie Ihr Silber auf, nehmen Sie Kristallschalen und Ihre schönsten Gläser. Denn bei Tageslicht kommt die ganze Pracht am besten zur Geltung. Dazu passen natürlich ganz klassische Blumengestecke – frisch und fröhlich wie der Morgen. Wer diese Schätze für die entsprechende Gästezahl nicht in der Truhe hat, kann auch mehr in Richtung ländlicher Brunch denken: Ein schöner Holztisch pur oder blauweiß gemusterte Stoffe (Gardinenstoffe sind breit genug und günstig!) sind etwas rustikaler. Dazu paßt weißes Geschirr, aber auch Steingut oder das Zwiebelmuster in allen Varianten. Schüsseln und Platten aus Holz bilden die ideale Ergänzung. Dazu kleine Primeln in Körbchen und ein üppiger Tulpenstrauß. Die dritte Möglichkeit ist, die Tafel ganz cool und designermäßig zu decken: weiße Lackdecke, Plexiglas und schlichtes weißes Geschirr, Marmorplatten, Stahl und Schwarzweiß-Kombinationen sind gefragt. Und natürlich nur weiße Blumen!

• Zu einem festlichen Sektfrühstück sollte die Einladung einen eleganten Eindruck machen. Entweder Sie bleiben bei Bütten weiß oder Sie verschicken Einladungen mit Sektglas-Umriß. Etwas witziger ist vielleicht eine Sonnenaufgangs-Collage (mit tellerförmiger Sonne natürlich). Geht's etwas rustikaler zu, dürfen Sie auch eine Weckerkarte (mit passender Uhrzeit) oder einen krähenden Hahn basteln. Geht's cool zu, können Sie weiß auf schwarz schreiben oder schwarz auf eine Klarsichtfolie. Profis drucken Einladungen mit dem Computer aus und kopieren sie auf Overhead-Folien.

## Zeitplan

| | |
|---|---|
| 1 Woche vorher: | • Pilzessenz herstellen und einfrieren.<br>• Butterkuchen backen und einfrieren.<br>• Buttermilch-Fladen backen und einfrieren.<br>• Getränke besorgen. |
| 2 Tage vorher: | • Pesto-Herzen backen. |
| Am Vortag: | • Orangen-Sülzchen herstellen.<br>• Krabben-Quiches backen.<br>• Gefüllte Hähnchenfilets zubereiten.<br>• Orangen und Marinade für das Carpaccio vorbereiten.<br>• Artischocken mit Eiercreme herstellen.<br>• Heringfilets, wenn nötig, wässern.<br>• Butterkuchen, Buttermilch-Fladen und Pilzessenz auftauen. |
| Am Tag selber: | • Carpaccio fertigstellen.<br>• Heringfilets in Mangosahne zubereiten.<br>• Palmherzen im Lachsmantel herstellen.<br>• Orangen-Sülzchen stürzen. |
| 1–2 Stunden vor Festbeginn: | • Nacheinander Pesto-Herzen, Buttermilch-Fladen, Krabben-Quiches und Butterkuchen aufbacken.<br>• Butterkuchen aufschneiden.<br>• Hähnchenfilets aufschneiden.<br>• Buffet auffüllen.<br>• Pilzessenz erhitzen. |

## So verändern Sie die Mengen

(Rezeptangaben bitte mit den Tabellenwerten multiplizieren)

| Zutaten für | 8 | 16 | 20 | 25 | 30 Pers. |
|---|---|---|---|---|---|
| Pilzessenz | 1 | 1 | 1 1/2 | 2 | 2 |
| Pesto-Herzen | 1/2 | 1 | 1 | 1 1/2 | 1 1/2 |
| Krabben-Quiches | – | 1 1/3 | 1 1/3 | 2[c] | 2[c] |
| Palmherzen im Lachsmantel | – | 1 | 1 1/2[a] | 1 1/2[a] | 1 1/2[a] |
| Heringfilets in Mangosahne | – | 1 | 1 | 1 | 2 |
| Artischocken mit Eiercreme | 1 | 1 | 1 | 2 | 1 1/2 |
| Gefüllte Hähnchenfilets | – | 1 1/3 | 1 1/3 | 2 | 2 |
| Rinder-Carpaccio | 1 | 1 1/2 | 1 1/2 | 1 1/2 | 2 |
| Kleine Buttermilch-Fladen | 1 | 1 | 1 1/2 | 1 | 1 1/2 |
| Butterkuchen | – | 1 | 1 | 1 | 2 |
| Orangen-Sülzchen | 2/3 | 1 1/3 | 2 | 2[b] | 2[b] |

[a]) Als Salat angerichtet [b]) In einer großen Form [c]) Auf dem Blech

# Pilzessenz

1,2 kg frische Champignons
2 Beutel getrocknete Steinpilze (à 5 g)
1 Teel. Salz
1,5 l Gemüsebrühe (Instant)
1 Lorbeerblatt
4 Pimentkörner
1 Stengel Thymian
6 Pfefferkörner
4 cl Sherry medium

**Gut vorzubereiten**

Zubereitungszeit: etwa 1 Stunde (+ 12 Stunden Marinieren + 2 Stunden Köcheln)

**1.** Die Champignons abreiben, nur bei starker Verschmutzung waschen. Die Stiele nachschneiden. Die Pilze mit der Küchenmaschine hobeln oder durch den Fleischwolf drehen. Eine Handvoll Champignons beiseite legen. Die getrockneten Pilze soweit wie möglich zerbröseln. Alle Pilze mit dem Salz in einer Schüssel vermischen und mit einem Tuch bedecken. An einem kühlen Ort über Nacht ziehen lassen.

**2.** Das Pilzmus in einem großen Topf mit der Brühe und den Gewürzen (einige Thymianblättchen beiseite legen) zum Kochen bringen und bei schwacher Hitze etwa 2 Stunden köcheln lassen.

**3.** Ein Sieb mit einem Mulltuch auslegen, die Flüssigkeit durchseihen und die Rückstände im Tuch kräftig auspressen. Die Essenz mit dem Sherry abschmecken. Die übrigen Champignons abreiben, in dünne Scheiben schneiden und zur Terrine geben. Thymianblättchen darüberstreuen. Pilzessenz in einer Terrine auf den Rechaud stellen.

• Je länger die Pilze stehen, desto mehr Aroma entwickeln sie. Wichtig: Sie dürfen nicht luftdicht abgeschlossen lagern, und die Temperatur sollte höchstens 12 Grad betragen.

# Pesto-Herzen

300 g tiefgefrorener Blätterteig
70 g Pinienkerne
1–2 Eßl. Zitronensaft
2 Teel. Basilikum in Öl
50 g geriebener Parmesan

**Gelingt leicht • Gut vorzubereiten**

Zubereitungszeit: etwa 45 Minuten

**1.** Den Blätterteig auftauen lassen. Die Pinienkerne mit dem Pürierstab fein pürieren, dabei den Zitronensaft hinzufügen. Das Basilikum und den Parmesan unterziehen.

**2.** Die einzelnen Teigplatten leicht ausrollen. Das Pesto darauf streichen. Jeweils eine Breitseite bis zur Mitte einrollen, dann die gegenüberliegende Seite ebenfalls bis zur Mitte rollen. Die Rolle in etwa 1 cm breite Scheiben schneiden – im Querschnitt sind jetzt Schnecken bzw. runde Herzen entstanden.

**3.** Den Backofen auf 200 Grad (Gas Stufe 3) vorheizen. Ein Backblech mit Backpapier auslegen und die Schnecken darauf verteilen. Die Schnecken etwa 20 Minuten backen, bis sie beginnen, braun zu werden. Etwas abkühlen lassen, vom Blech nehmen und völlig erkalten lassen. In einer Metalldose aufbewahren.

• Sie können auch Stangen backen: dazu 1 Teigplatte mit Pesto bestreichen, eine zweite darüber legen, in 1 cm breite Streifen schneiden und mehrmals um die eigene Achse drehen.

• Statt Pesto kann man auch Mohn- oder Sesamsamen in die Herzen rollen. Mit Tomatenmark, Parmesan, Salz und Pfeffer bekommt die Füllung Pizza-Charakter.

## Krabben-Quiches

200 g kalte Butter
300 g Weizenmehl
3–4 Eßl. saure Sahne (20 % Fett)
Salz
300 g Zuckererbsen
200 g kleine gegarte Tiefseekrabben
2 Eßl. Zitronensaft
1 Bund Schnittlauch
150 g Crème fraîche
3 Eier
1/8 l Milch
Pfeffer, frisch gemahlen
Muskatnuß, frisch gerieben
1 kleine Knoblauchzehe

**Raffiniert**

Zubereitungszeit: etwa 1 1/2 Stunden (+ 30 Minuten Backen)

**1.** Butter in Flöckchen schneiden. Das Mehl mit den kalten Butterflöckchen, der Hälfte der sauren Sahne und 1/2 Teelöffel Salz rasch zu einem mürben Teig verkneten. Im Kühlschrank etwa 30 Minuten ruhen lassen.

**2.** In der Zwischenzeit die Zuckererbsen waschen, die Enden abzwicken, die Fäden abziehen, Zuckererbsen abtropfen lassen. Die Krabben mit dem Zitronensaft beträufeln.

**3.** Den Teig in 12 Portionen teilen. 12 Torteletttförmchen (⌀ 8 cm) ausfetten. Jeweils eine Teigportion ausrollen und in ein Förmchen legen, mit einer Gabel mehrfach einstechen. Den Backofen auf 200 Grad (Gas Stufe 3) vorheizen.

**4.** Den Schnittlauch waschen und in feine Röllchen schneiden. Die Crème fraîche, die Eier und die Milch mit einem Pürierstab gut verquirlen, dabei Pfeffer, Muskatnuß und Salz dazugeben. Die Knoblauchzehe schälen und sehr fein hacken, unter die Creme ziehen.

**5.** Die Zuckererbsen und die Krabben auf die Törtchen verteilen, mit der Eiercreme übergießen. Quiches im Backofen (unten) in etwa 20 Minuten goldgelb backen. Noch warm servieren.

• Wenn Sie die Quiches schon am Vortag zubereiten und im Kühlschrank aufbewahren oder noch länger vorher und einfrieren, sollten Sie sie vor dem Essen 5 Minuten aufbacken.

• Sie können die Quiches auch in einer großen Quicheform (⌀ 32 cm) oder auf dem Blech backen, wenn Sie nicht genau 12 Gäste haben.

• Statt Zuckererbsen eignen sich auch Spinat, Kresse oder Sauerampfer.

## Palmherzen im Lachsmantel

300 g Palmherzen aus der Dose
1 Eichblattsalat
200 g Räucherlachs in Scheiben
2 Eßl. körniger Senf
1 Eßl. Traubenkernöl
1 Bund Kerbel
Pfeffer, frisch gemahlen

**Dekorativ • Braucht etwas Zeit**

Zubereitungszeit: etwa 1 Stunde

**1.** Die Palmherzen abgießen, den Sud auffangen. Dünne Palmherzen ganz lassen, große längs halbieren oder vierteln. Alle Herzen quer in der Mitte teilen.

**2.** Die Salatblätter abpflücken, waschen und in der Salatschleuder trocknen. Die harten Mittelrippen entfernen. Jede Lachsscheibe mit einem passenden Salatblatt belegen. Jeweils ein Palmherz auf das Salatblatt legen und dieses einrollen. Wenn nötig, mit einem Spießchen fixieren.

**3.** Den Senf mit dem Öl und 5–6 Eßlöffeln Palmherzen-Sud verrühren. Den Kerbel waschen, trockentupfen, die Blättchen abzupfen und unter die Marinade ziehen. Die Röllchen auf einer Platte anrichten, mit der Marinade beträufeln und mit dem Pfeffer übermahlen. Bis zum Essen kalt stellen.

# Heringsfilets in Mangosahne

8 Heringsfilets (je etwa 80 g)
Mineralwasser
1 Bund Dill
1 reife Mango (etwa 400 g)
150 g saure Sahne (10 % Fett)
2 Eßl. Zitronensaft
Salz
1 Prise Zucker
1 Eßl. Sahne-Meerrettich
Pfeffer, frisch gemahlen
100 g süße Sahne

**Raffiniert • Geht schnell**

Zubereitungszeit: etwa 30 Minuten (+ 2–6 Stunden Marinieren)

**1.** Die Heringsfilets je nach Salzgeschmack 2–6 Stunden in Mineralwasser ziehen lassen. Dann mit Küchenpapier trockentupfen und quer in 2–3 cm lange Stücke schneiden.

**2.** Den Dill waschen, in der Salatschleuder trockenschleudern und die Spitzen von den Stielen streifen. Die Mango schälen. Das Fruchtfleisch in Scheiben vom Kern schneiden, dabei den Saft auffangen. 4–5 Mangoscheiben halbieren und eine Platte damit auslegen. Die anderen Mangoscheiben in etwa 2 cm große Würfel schneiden, mit den Fischstückchen in einer Schale mischen. Nach Belieben einige besonders hübsche Würfel beiseite legen.

**3.** Die saure Sahne mit dem Mango- und Zitronensaft, dem Salz, dem Zucker, dem Sahne-Meerrettich und dem Pfeffer cremig rühren. Die süße Sahne steif schlagen und unterziehen. Zum Schluß die Dillspitzen bis auf einige besonders schöne Spitzen unterziehen und die Sauce über dem Fisch und den Mangos verteilen. Durchziehen lassen und vor dem Festbeginn nochmals durchmischen. Mit Mangostückchen und Dillfähnchen garnieren.

# Artischocken mit Eiercreme

12 frische Artischocken, ersatzweise
2 Gläser Artischockenböden (je 210 g Abtropfgewicht)
Saft von 1 unbehandelten Zitrone
Salz
5 Eier
75 g saure Sahne (20 % Fett)
1 Eßl. milder Senf
2 Teel. scharfer Senf
1 Teel. Kapern
Pfeffer, frisch gemahlen
1–2 Teel. Worcestersauce
4–5 grüne Salatblätter
200 g Kirschtomaten

**Gut vorzubereiten • Braucht Zeit**

Zubereitungszeit: etwa 2 Stunden

**1.** Frische Artischocken putzen: die Stiele von der Knospe brechen, die Bruchstelle mit Zitronensaft einreiben. Zwei Drittel der Hüllblätter abschneiden. Den Rest mit einem Messer rund um den Boden abtrennen, dann das »Heu« vom Boden entfernen und den Artischockenboden glätten. In Wasser mit Zitronensaft und Salz in 15–20 Minuten garen, abkühlen lassen. Die Artischockenböden aus dem Glas abtropfen lassen, den Sud dabei auffangen.

**2.** Die Eier in kochendem Wasser etwa 9 Minuten garen, mit kaltem Wasser abschrecken und abkühlen lassen, dann pellen. Die Eier, die saure Sahne, Salz, beide Senfsorten, die Kapern, den Pfeffer und die Worcestersauce mit dem Pürierstab fein pürieren und pikant abschmecken.

**3.** Eine Platte mit Salatblättern auslegen, die Artischockenböden halbieren und auf den Salatblättern anrichten. Die Eiercreme mit einem Spritzbeutel mit gezackter Tülle auf die Artischockenböden spritzen. Die Kirschtomaten waschen, jeweils eine auf die Eiercreme setzen. Übrige Kirschtomaten auf der Platte zwischen den Artischockenböden verteilen.

# Gefüllte Hähnchenfilets

150 g getrocknete eßfertige Pflaumen
4–6 Eßl. Portwein
3 Hühnerbrustfilets (je etwa 180 g)
Salz
Pfeffer, frisch gemahlen
2 Eßl. Sojasauce
1/2 Teel. getrockneter Thymian
1 Eßl. Öl
nach Belieben:
dünne Orangenscheiben
einige Portulakblättchen

**Gut vorzubereiten • Raffiniert**

Zubereitungszeit: etwa 2 Stunden

**1.** Die Pflaumen mit dem Portwein kurz erhitzen, vom Herd nehmen und einweichen lassen. Inzwischen die Hühnerbrustfilets rundherum mit dem Salz und dem Pfeffer einreiben.

**2.** Sobald die Pflaumen den ganzen Portwein aufgesogen haben, zu einer einheitlichen Masse hacken. Sojasauce und Thymian untermischen. Die Brüstchen von der Unterseite der Länge nach einschneiden, die Pflaumenmasse darin verteilen und das Fleisch darüber schließen, evtl. mit Holzspießchen fixieren. Backofen auf 180 Grad (Gas Stufe 2) vorheizen.

**3.** Öl in einer Pfanne erhitzen. Die Brüstchen darin rundherum bei mittlerer Hitze anbraten. Jedes Filet einzeln in Alufolie einpacken – blanke Seite nach innen. Im Backofen etwa 20 Minuten garen, dann eingepackt im abgeschalteten Backofen abkühlen lassen.

**4.** Die gefüllten Brüstchen kurz vor dem Fest in etwa 1 cm dünne Scheiben schneiden und auf einer Platte anrichten.

**Tip**
Besonders schön sieht es aus, wenn Sie die Platte mit dünnen Orangenscheiben auslegen, die Hühnerbrüste darauf anrichten und ein paar Portulakblättchen dazulegen.

# Rinder-Carpaccio

250 g Rinderfilet oder -lende
2 Teel. grüner Pfeffer mit Lake
2 Teel. Balsamessig
3 Eßl. Nußöl
2 Teel. Worcestersauce
Salz
schwarzer Pfeffer, frisch gemahlen
2 Orangen
2 Eßl. gehobelte Haselnüsse
nach Belieben: einige Rucolablätter

**Klassisch • Gelingt leicht**

Zubereitungszeit: etwa 1/2 Stunde (ohne Schneiden)

**1.** Am besten beim Metzger das Carpaccio vorbestellen und direkt auf einer Platte anrichten lassen. Oder aber das Fleisch etwa 2 Stunden ins Tiefkühlfach legen und dann mit der Schneidemaschine hauchdünn aufschneiden.

**2.** Den grünen Pfeffer mit dem Essig, dem Nußöl, der Worcestersauce, Salz und Pfeffer verrühren. Die Orangen bis aufs Fruchtfleisch schälen, die Filets zwischen den Trennhäuten herausschnitzen und den Saft auffangen.

**3.** Den Saft unter die Marinade ziehen, diese nochmals abschmecken und auf das Carpaccio träufeln. Die Orangenfilets darauf verteilen. Die gehobelten Haselnüsse ohne Fett bei mittlerer Hitze leicht rösten, bis sie beginnen zu duften, dann über das Carpaccio streuen. Rucolablätter waschen, trockentupfen und auf dem Carpaccio anrichten. Bis zum Essen mit Frischhaltefolie abgedeckt kalt stellen.

• Wer keine Schneidemaschine hat, schneidet mit einem scharfen Messer möglichst dünne Scheiben, legt sie zwischen zwei Plastikfolien (Gefriertüte) und klopft sie mit der flachen Seite des Fleischklopfers oder des Fleischbeiles hauchdünn.

# Kleine Buttermilch-Fladen

¼ l Buttermilch
1 Eßl. Rohrzucker
3 Eßl. Butterschmalz
2 Eier
550 g Weizenmehl + Mehl für die Bleche
1 Tütchen Trockenhefe
1–2 Teel. Salz
1–2 Teel. Korianderpulver
1 Eßl. Milch
1 Teel. Sesamsamen
1 Teel. Mohn
1 Teel. Sonnenblumenkerne
1 Teel. grüne Kürbiskerne

**Braucht etwas Zeit**

Zubereitungszeit: etwa 1 Stunde (+ 12 Stunden Gehen)

**1.** Die Buttermilch in einen Topf geben und etwas erwärmen, dabei den Zucker und 2 Eßlöffel Butterschmalz darin auflösen. Die Eier unterschlagen. Das Mehl in eine Schüssel geben und mit der Trockenhefe, dem Salz und dem Korianderpulver vermischen.

**2.** Nach und nach die Buttermilchmischung unter das Mehl arbeiten. So lange kneten, bis der Teig nicht mehr klebt. Dann aus dem Teig eine Kugel formen, rundherum mit Mehl bestäuben und in eine dicht schließende Schüssel geben. Den Teig im Kühlschrank über Nacht gehen lassen.

**3.** Der Teig sollte sein Volumen etwa verdoppelt haben. Ist er zu wenig gegangen, nochmals an einem warmen Ort etwa 30 Minuten gehen lassen. Zwei Backbleche einfetten und mehlen, den Backofen auf 200 Grad (Gas Stufe 3) vorheizen.

**4.** Den Teig durchkneten und in etwa 12 Portionen teilen. Aus den Teigportionen kleine flache Fladen formen und auf den Backblechen verteilen. 1 Eßlöffel Butterschmalz auflösen, mit der Milch vermischen und die Fladen damit bestreichen. Nach Wunsch mit den Sesamsamen, dem Mohn, den Sonnenblumen- und Kürbiskernen bestreuen. Jeweils ein Blech im Backofen (Mitte) in etwa 20 Minuten goldgelb backen. Fladen heiß zum Buffet geben.

• Sie können statt Fladen auch kleine Brötchen oder eine Brötchensonne backen: Dann paßt alles auf ein Blech!

# Butterkuchen

450 g Weizenmehl
1 Tütchen Trockenhefe
180 g Butter
4 Eier
100 ml Milch
130 g Zucker
1 Döschen Safran
250 g süße Sahne
250 g Mandelblättchen

**Klassisch • Edel**

Zubereitungszeit: etwa 1 Stunde (+ 2–3 Stunden Gehen + 25 Minuten Backen)

**1.** Das Mehl mit der Trockenhefe mischen. Die Butter bei schwacher Hitze schmelzen und die Eier und die Milch unterschlagen. 50 g Zucker darin auflösen und diese Mischung unter das Mehl arbeiten – am besten in der Küchenmaschine. Den Safran in 1 Teelöffel heißem Wasser auflösen und ebenfalls zum Teig geben. Den Teig so lange bearbeiten, bis er nicht mehr klebt.

**2.** Den Teig zur Kugel formen, mit Mehl bestäuben und entweder kühl über Nacht oder an einem warmen Ort 2–3 Stunden gehen lassen, bis er sein Volumen verdoppelt hat.

**3.** Ein Backblech einfetten. Den Teig auf dem Blech ausrollen. Die Sahne mit 80 g Zucker verrühren und auf dem Teig verteilen. Die Mandeln darüber streuen.

**4.** Das Blech in den kalten Backofen (Mitte) schieben, diesen auf 200 Grad (Gas Stufe 3) heizen und den Kuchen in 20–25 Minuten goldbraun backen. Erst vor dem Auftischen in kleine Quadrate schneiden und auf einem Tablett anrichten.

# Orangen-Sülzchen

9 Blatt weiße Gelatine
6 süße Orangen
2 Eßl. Orangenlikör
100 g Marzipanrohmasse
150 g Kleehonig
300 g Joghurt (3,5 % Fett)
250 g süße Sahne
20 g gehackte Pistazien

**Gelingt leicht • Gut vorzubereiten**

Zubereitungszeit: etwa 1½ Stunden (+ 6 Stunden Gelieren)

**1.** Die Gelatine in kaltem Wasser einweichen. Die Orangen bis aufs Fruchtfleisch abschälen, die einzelnen Segmente zwischen den Trennhäuten mit einem scharfen Messer herausschneiden, den Saft dabei auffangen. Die Rückstände in einem Sieb gründlich auspressen.

**2.** Den Saft mit dem Orangenlikör mischen. Die Marzipanrohmasse in Würfel schneiden, nach und nach mit dem Saft verrühren. Dann den Kleehonig hinzufügen und alles cremig schlagen. Löffelweise den Joghurt dazugeben und so lange rühren, bis die Masse glatt ist.

**3.** Die Gelatine tropfnaß in einen Topf geben und bei schwacher Hitze auflösen. Topf vom Herd ziehen und löffelweise etwas Joghurtmischung zur Gelatine geben, bis die Gelatinelösung abgekühlt ist. Dann in den übrigen Joghurt rühren und kalt stellen.

**4.** Wenn der Joghurt beginnt, an den Rändern zu gelieren, die Sahne steif schlagen und unterziehen. 12 schöne Orangenfilets beiseite legen. Die übrigen Filets halbieren und unter den Joghurt ziehen.

**5.** 12 kleine Puddingförmchen (Inhalt etwa 150 ml) mit kaltem Wasser ausschwenken, Orangen-Joghurt darin verteilen und mindestens 6 Stunden kalt stellen. Dann die Förmchen auf eine Platte stürzen. Mit jeweils einem Orangenfilet garnieren und mit den Pistazien bestreuen.

• Schneller geht es, wenn Sie die Sülzchen in einer Ringform gelieren lassen.

# Familienfest

Im Frühling steigen viele Familienfeste: Es wird getauft und geheiratet, Konfirmation und Kommunion gefeiert. Und mit von der Partie sind jung und alt. Viele möchten wegen des persönlichen Ambientes zu Hause feiern. Was liegt da näher als ein Buffet! Die Zusammenstellung ist etwas heikel – deshalb haben wir uns an Klassiker gehalten, um die ältere Generation und die oft ebenso »eingefahrenen« Kinder nicht zu verschrecken. Fast alles läßt sich vorbereiten. Nach einer klassischen Consommé gibt es Räucherforelle in Aspik. Danach folgt kaltes oder warmes Roastbeef mit zweierlei Garnituren und Baked Potatoes. Und weil Salate nun einmal dazugehören – eine frische Version des Waldorfsalates und einen raffinierten Spargelsalat. Der Nachtisch erspart Ihnen die Extra-Kaffeetafel, die den Tag sonst schnell zur Qual werden läßt: Es gibt Joghurt-Erdbeer-Torte und natürlich etwas Schokoladiges. Wenn Sie viele Süßschnäbel in der Familie haben, können Sie noch den Butterkuchen vom Sektfrühstück dazustellen!

## Das gibt es

- Consommé mit Möhrensternchen und Kohlrabimonden
- Räucherforellen in Apfelgelee
- Gekräutertes Roastbeef
- Portwein-Zwiebel-Confit
- Baked Potatoes
- Kräuter-Crème fraîche
- Leichter Waldorfsalat
- Spargelsalat rot-grün
- Erdbeer-Joghurt-Torte
- Schokoladenschaum

## So wird's schneller

- Die **Consommé** können Sie Wochen zuvor zubereiten, das Gemüse in die heiße Brühe legen und dann zusammen einfrieren. Wem selbst dazu die Zeit fehlt, der sollte doppelte Rinderkraftbrühe aus der Dose nehmen und darin tiefgefrorene Babyerbsen und Möhren erhitzen (kein Suppengemüse – das ist zu grob). Die anderen Einlagen können Sie fertig kaufen.
- **Räucherforellen in Apfelgelee** sind natürlich pur als Forellenfilets einfacher. Dazu gibt es die klassische Mischung von Sahne-Meerrettich und geriebenem Apfel, aufgepeppt mit tiefgefrorenen Himbeeren.
- Das **Roastbeef** können Sie fertig beim Metzger bestellen und schon aufschneiden lassen. Eine Alternative, die der Metzger sicher auch beherrscht, ist Filet Wellington – Rinderfilet in Blätterteig. Dazu reichen Sie fertige **Kräuter-Crème fraîche** und statt des **Portwein-Zwiebel-Confits** 1–2 Sorten Chutneys oder Pickles.
- Statt der **Baked Potatoes** können Sie tiefgefrorene Kartoffelbällchen aufbacken.
- Beim **leichten Waldorfsalat** kann man kaum Zeit sparen. Wer sehr eilig ist, kauft etwa 600 g fertigen Waldorfsalat und zieht 2–3 gehobelte Selleriestangen mit etwas Orangensaft unter.
- Der **Spargelsalat** geht mit Spargel aus der Dose schneller. Zu diesem Kniff können Sie auch greifen, wenn es keinen frischen Spargel gibt.
- Die **Erdbeer-Joghurt-Torte** wird schneller, wenn Sie einen fertigen Boden nehmen, 200 g süße Sahne mit Sahnesteif fest schlagen und zum Schluß 2–3 Eßl. Erdbeerjoghurt und 2–3 Eßl. Zucker unterschlagen. Diese Sahne auf den Boden streichen und mit Erdbeeren belegen. Zweite Möglichkeit: eine Riesenschüssel Erdbeeren mit einer Schale Schlagsahne und dazu ein schlichter Zitronenkuchen.
- Der **Schokoladenschaum** ist so einfach – schneller geht's nicht!

## Das gibt's zu trinken

»Nur keine Experimente« ist die Devise dieses Buffets. Entsprechend reichen Sie als Aperitif einen Sekt oder Kir royal (Sekt mit einem Schuß Cassis). Die Kinder bekommen falschen Kir royal aus Zitronenlimonade mit einem Schuß schwarzer Johannisbeer-Fruchtsauce. Zum Essen gibt es einen nicht zu herben Weißwein, danach einen leichten Rotwein zum Roastbeef. Zum Kaffee die klassischen Digestifs: Weinbrand oder Cognac, einen Obstler und auf der süßen Seite z. B. Danziger Goldwasser und Krambambuli. Schließlich auch ein Kräuterbitter.

- **Als Aperitif:**

Sekt, Kir royal, falscher Kir royal

- **Zum Essen:**

Leichter halbtrockener Weißwein (Müller-Thurgau, Weißburgunder, Grauburgunder)

*Schnelle und köstliche Aperitifs: Sekt pur oder als Kir mit Cassis (Johannisbeerlikör).*

Leichter Rotwein (Blaufränkischer, Trollinger, Bardolino)
Säfte und Mineralwasser

• **Zum Kaffee:**
Weinbrand oder Cognac
Obstler
Kräuterbitter
Danziger Goldwasser, Krambambuli

### Deko-Ideen

Gerade bei Familienfesten werden die geerbten Schätze aufgefahren: Haben Sie nicht ausreichend Besteck oder Leinendecken, leihen Sie sich vielleicht das Fehlende bei Verwandten – die natürlich mit eingeladen sind. Decken Sie das Buffet weiß ein, sorgen Sie für schönen Blumenschmuck und Kerzen. Sehr dekorativ ist die Kombination von weiß mit einer kräftigen Farbe, z. B. bordeauxrot, goldgelb, kobaltblau oder tannengrün: Ziehen Sie ein breites Satinband in dieser Farbe über die Tafel. Binden Sie daraus Riesenschleifen, die an die Ecken der Tische gesteckt werden können. Halten Sie Kerzen und Blumen in demselben Ton. Bei Taufen oder Hochzeiten können Sie die Tafel zusätzlich mit Tüll duftiger machen. Hier kann die Unterdecke pastellfarbig und der Tüll weiß sein. Wichtig: Für die älteren Gäste sollten ausreichend Sitzgelegenheiten vorhanden sein, und sie sollten an einem Tisch sitzen können beim Essen: Das Balancieren auf den Knien bleibt der buffeterfahrenen Mittelgeneration vorbehalten. Auch für die Kinder ist ein Extra-Tisch günstiger.

• Die Einladungen zu Familienfesten werden oft gedruckt. Besonders preiswert: Gestalten Sie die Karte mit dem Computer, und kopieren Sie sie dann auf feste Karten. Sie können wahlweise auf farbige Karten kopieren oder aber mit Schleifchen und Band die Einladung verzieren. Sehr persönlich und eine schöne Erinnerung ist es, ein Foto der/des Gefeierten – Täufling, Konfirmand oder Jubelpaar – in die Einladung zu integrieren.

## Zeitplan

1 Woche vorher:
- Consommé zubereiten und einfrieren.
- Portwein-Zwiebel-Confit herstellen, kühl lagern.
- Boden für die Erdbeer-Joghurt-Torte backen und einfrieren.
- Getränke besorgen.

2 Tage vorher:
- Räucherforellen in Apfelgelee zubereiten.

Am Vortag:
- Roastbeef kräutern.
- Baked Potatoes ofenfertig vorbereiten.
- Schokolade in der Sahne für den Schokoladenschaum schmelzen und kalt stellen.
- Erdbeer-Joghurt-Torte fertigstellen: die Creme geliert auf dem noch gefrorenen Boden besonders schnell.
- Für den Spargelsalat Spargel vorbereiten, kochen und in die Marinade geben. Die übrigen Zutaten getrennt vorbereiten.
- Für den Waldorfsalat Ananas, Zitrusfrüchte und Sellerie vorbereiten, mischen und zugedeckt kalt stellen.
- Die Kräuter-Crème fraîche zubereiten.
- Die Consommé auftauen.

Am Tag selber:
- Den Schokoladenschaum fertigstellen.
- Die Salate fertigstellen.
- Das Buffet aufbauen.
- Die Forellen in Gelee stürzen, aufschneiden und anrichten.

1–2 Stunden vor Festbeginn:
- Zuerst die Baked Potatoes, dann das Roastbeef braten.
- Die Consommé erhitzen.
- Das Buffet auffüllen.

### So verändern Sie die Mengen

(Rezeptangaben bitte mit den Tabellenwerten multiplizieren)

| Zutaten für | 8 | 16 | 20 | 25 | 30 Pers. |
|---|---|---|---|---|---|
| Consommé mit Möhren | ½ | 1 | 1½ | 1½ | 2 |
| Räucherforellen | – | 1½ | 1½ | 2 | 2 |
| Gekräutertes Roastbeef | ¾ | 1 | 1½ | 1½ | 2 |
| Rotwein-Zwiebel-Confit | – | 1 | 1½ | 2 | 2 |
| Baked Potatoes | 1 | 1¼ | 1½ | 2 | 2 |
| Kräuter-Crème fraîche | 1 | 1½ | 1½ | 1½ | 2 |
| Leichter Waldorfsalat | – | 1 | 1½ | 2 | 2 |
| Spargelsalat | ¾ | 1¼ | 1½ | 1½ | 1½ |
| Erdbeer-Joghurt-Torte | 1 | 1 | 2 | 2 | 2 |
| Schokoladenschaum | – | 1½ | 1½ | 1½ | 1½[a] |

[a]) Birnenkompott dazu reichen

# Consommé mit Möhrensternchen und Kohlrabimonden

2 Zwiebeln
600 g Möhren
½ Knollensellerie
3–4 Pastinaken, ersatzweise Petersilienwurzel
2 Stangen Lauch (je etwa 300 g)
1 Eßl. Walnußöl
1 kg Kalbsknochen (beim Metzger bestellen)
2 Eßl. Tomatenmark
Salz
3 Lorbeerblätter
4 Gewürznelken
1 Eßl. Pfefferkörner
2–3 Wacholderbeeren
einige Sellerieblätter
2 Zweige Liebstöckel
2–3 Eßl. Sojasauce
2 Kohlrabi
nach Belieben: 1 Bund Schnittlauch

**Klassisch • Gelingt leicht**

Zubereitungszeit: etwa 1½ Stunden

**1.** Das Gemüse waschen und putzen. Etwa 400 g Möhren zur Seite legen, den Rest mit dem anderen Gemüse grob zerkleinern.

**2.** Das Öl in einem großen Topf erhitzen. Die Knochen in dem heißen Fett rundherum anbraten. Das Tomatenmark und das Gemüse dazugeben und kurz mitbraten. Etwa 2,5 l Wasser dazugießen und langsam zum Kochen bringen. Wenn sich Schaum gebildet hat, diesen mit dem Schaumlöffel entfernen.

**3.** Das Salz und die Kräuter und Gewürze dazugeben (nach Belieben 1 Zweig Liebstöckel beseite legen). Alles etwa 1 Stunde offen bei schwacher Hitze köcheln lassen oder im Schnellkochtopf mit nur 1,5 l Wasser in etwa 30 Minuten garen. Die Bouillon durch ein sehr feines Sieb oder ein Mulltuch abgießen. Die gesiebte Bouillon in einen Topf geben und mit der Sojasauce kräftig abschmecken.

**4.** Die übrigen Möhren waschen, schälen und der Länge nach 4–6mal keilförmig einschneiden, dann in dünne Scheiben schneiden. Die Kohlrabi schälen, in dünne Scheiben schneiden und mit einer Ausstechform Monde aus den Scheiben ausstechen. Den Liebstöckel waschen, die Blättchen abstreifen. Den Schnittlauch waschen, trockenschütteln und in feine Röllchen schneiden.

**5.** Das Gemüse in die kalte Bouillon geben und zusammen langsam erwärmen, den Liebstöckel oder Schnittlauch darüber streuen und den Topf auf ein Rechaud stellen.

• Als zusätzliche Einlage können Sie zur Bouillon Backerbsen, Flädle oder frische Nudeln in Schälchen bereitstellen – zur Selbstbedienung.

# Räucherforellen in Apfelgelee

1 Zwiebel
4 Lorbeerblätter
6–8 Gewürznelken
½ Stange Lauch (etwa 150 g)
¼ l Gemüsebrühe (Instant)
400 ml klarer Apfelsaft
1 Teel. Senfkörner
1 Eßl. schwarze Pfefferkörner
8 Blatt weiße Gelatine
4 geräucherte Forellenfilets
Saft von 1 Zitrone
1 Apfel
150 g Himbeeren
1 Bund Dill
1 Bund Kerbel
2–3 Teel. Worcestersauce
2–3 Teel. Sojasauce

**Raffiniert • Gut vorzubereiten**

Zubereitungszeit: etwa 1 Stunde (+ 2 Stunden Gelieren)

**1.** Die Zwiebel schälen, die Lorbeerblätter mit den Nelken daran feststecken. Den Lauch waschen und putzen, in grobe Ringe teilen. Die Gemüsebrühe mit dem Apfelsaft, der gespickten Zwiebel, dem Lauch, den Senf- und Pfefferkörnern aufkochen und etwa 10 Minuten köcheln lassen, durch ein feines Sieb abgießen.

**2.** Die Gelatine 10 Minuten in kaltem Wasser einweichen. Die Forellenfilets in etwa 3 cm lange Stücke schneiden, mit etwas Zitronensaft beträufeln. Den Apfel waschen, vierteln, das Kerngehäuse entfernen und die Viertel in hauchdünne Segmente schneiden, ebenfalls leicht mit Zitronensaft beträufeln. Die Himbeeren putzen. Die Kräuter waschen und trockentupfen. Vom Dill die Fähnchen abtrennen, vom Kerbel die Blättchen abzupfen.

**3.** Die Brühe mit Worcestersauce, Sojasauce und Zitronensaft sehr kräftig abschmecken (Gelatine schluckt viel Würze), Gelatine ausdrücken und in der heißen Flüssigkeit auflösen.

**4.** Eine mittelgroße Kastenform mit kaltem Wasser ausspülen und mit der Gelierflüssigkeit einen etwa ½ cm hohen Spiegel gießen, einige Dillfähnchen und Kerbelblättchen darauf verteilen und die Gelatine im Kühlschrank fest werden lassen. Forelle, Apfelspalten, Himbeeren und Kräuter lagenweise einschichten, immer wieder mit Flüssigkeit begießen und fest werden lassen. Zum Schluß alles mit Gelierflüssigkeit bedecken und im Kühlschrank in etwa 2 Stunden gänzlich erstarren lassen.

**5.** Vor dem Stürzen die Ränder vorsichtig mit einem Messer lösen, eventuell die Form kurz in heißes Wasser tauchen. Das Gelee in 12 Portionen teilen.

• Aus der aufgelösten Gelatine lassen sich auch sehr schöne Verzierung machen. Gießen Sie einen Spiegel von etwa 1 cm Höhe in eine flache Form, lassen Sie die Gelatine fest werden und schneiden Sie sie in Würfel. Sie können auch mit kleinen Ausstechern verschiedene Formen ausstechen, z. B. Fische wie auf dem Foto.

# Gekräutertes Roastbeef

1 Bund Basilikum
½ Bund Thymian
1 Bund Majoran
2 Knoblauchzehen
2 Eßl. Rôtisseur-Senf
5 Eßl. Walnußöl oder Keimöl
2–3 Teel. Salz
schwarzer Pfeffer, frisch gemahlen
2 kg Roastbeef mit Fettrand

**Klassisch • Gelingt leicht**

Zubereitungszeit: etwa 30 Minuten (+ 1 Stunde Garen)

**1.** Die Kräuter waschen, trockentupfen und die Blättchen von den Stielen zupfen bzw. streifen. Die Knoblauchzehen schälen.

**2.** Den Backofen auf 250 Grad (Gas Stufe 5–6) vorheizen. Die Kräuter mit den Knoblauchzehen, dem Senf, 4 Eßlöffeln Öl, Salz und Pfeffer im Blitzhacker pürieren. Das Roastbeef rundherum mit der Kräuterpaste einreiben. Ein großes Stück extra starke Alufolie auf der blanken Seite mit dem übrigen Eßlöffel Öl einreiben. Das Roastbeef darauf setzen und die Folie fest verschließen.

**3.** Das Roastbeef auf ein Blech legen und in den heißen Backofen (Mitte) schieben. Nach etwa 30 Minuten den Backofen ausschalten und das Fleisch weitere 30 Minuten ziehen lassen. Heiß oder kalt als Bratenstück servieren. Für jeden Gast frisch aufschneiden.

# Portwein-Zwiebel-Confit

600 g junge kleine Zwiebeln
4 Eßl. Öl
1 Eßl. Tomatenmark
2–3 Eßl. Balsamessig
200 ml Portwein
200 ml Gemüsebrühe (Instant)
Salz
schwarzer Pfeffer, frisch gemahlen
1–2 Teel. Sojasauce
1–2 Teel. Worcestersauce

**Gut vorzubereiten • Raffiniert**

Zubereitungszeit: etwa 1 Stunde

**1.** Die Zwiebeln schälen und vierteln. Nur sehr kleine Zwiebeln ganz lassen. Die Zwiebeln in einer weiten Pfanne im Öl bei mittlerer Hitze unter Rühren anbraten, bis sie beginnen anzusetzen.

**2.** Das Tomatenmark und den Balsamessig dazugeben. Dann die Zwiebeln mit dem Portwein und der Brühe angießen, mit Salz und Pfeffer würzen. Bei schwacher Hitze offen simmern lassen, bis die Zwiebeln weich sind. Eventuell zwischendurch etwas Wasser dazugeben. Die Zwiebeln sollten in einem Sirup schwimmen.

**3.** Die Zwiebeln abkühlen lassen und dann mit der Sojasauce und Worcestersauce abschmecken. Zum Roastbeef reichen.

# Baked Potatoes

2 kg neue Kartoffeln (gleichmäßige Knollen à etwa 150 g)
Salz

**Gelingt leicht**

Zubereitungszeit: etwa 15 Minuten (+ 1 Stunde Backen)

**1.** Die Kartoffeln mit einer harten Bürste gründlich abbürsten. Mit Salz rundherum einreiben. Kartoffeln einzeln in Alufolie wickeln – blanke Seite nach innen.

**2.** Den Backofen auf 200 Grad (Gas Stufe 3) vorheizen. Die Kartoffeln auf dem Rost etwa 1 Stunde im Backofen (Mitte) backen. In der Alufolie auf's Buffet stellen oder auf kleine Tortenuntersetzer geben. Vor dem Essen oben kreuzweise einschneiden und an beiden Enden die Kartoffeln so drücken, daß die Schnitte aufbrechen. Dazu Butter und Kräuter-Crème fraîche reichen.

# Kräuter-Crème fraîche

je 1 Bund Petersilie, Dill, Kerbel
2 Bund Schnittlauch
250 g Crème fraîche
250 g saure Sahne (20 % Fett)
Kräutersalz
weißer Pfeffer, frisch gemahlen

**Klassisch • Gelingt leicht**

Zubereitungszeit: etwa 30 Minuten

**1.** Die Kräuter unter fließendem kaltem Wasser abbrausen und trockenschleudern. Die Blättchen von den Stielen streifen. Den Schnittlauch waschen und in Röllchen schneiden.

**2.** Die Kräuter ohne den Schnittlauch mit der Crème fraîche im Blitzhacker oder Mixer fein pürieren. Dann den Sauerrahm, Salz, Pfeffer und den Schnittlauch unterziehen. Bis zum Essen kalt stellen.

# Leichter Waldorfsalat

1 Ananas
2 Orangen oder Pink Grapefruits
1 roter Apfel
1 Staude Bleichsellerie (etwa 500 g)
120 g Walnüsse
150 g Zitronenjoghurt
150 g Crème fraîche
Salz
Pfeffer, frisch gemahlen
2–3 Eßl. Zitronensaft

**Für Kinder • Gelingt leicht**

Zubereitungszeit: etwa 40 Minuten

**1.** Von der Ananas das obere und das untere Ende abschneiden, die Schale von oben nach unten großzügig abschneiden. Die Ananas der Länge nach vierteln. Den keilförmigen Strunk in der Mitte herausschneiden, die Viertel nochmals der Länge nach teilen und quer in etwa ½ cm dicke Scheiben schneiden.

**2.** Die Orangen oder Grapefruits bis aufs Fruchtfleisch schälen, dann in Stücke von jeweils 2 Segmenten teilen und diese in Scheiben schneiden. Den Saft dabei auffangen. Den Apfel waschen, vierteln, vom Kerngehäuse befreien und stifteln. Einige Orangenstückchen zur Dekoration beiseite legen, das Obst miteinander mischen.

**3.** Den Sellerie waschen, die Stiele vom Strunk schneiden, Blattenden abschneiden und, wenn nötig, die Fäden von den Stielen abziehen. Die Stiele mit der Küchenmaschine in dünne Scheiben hobeln und mit dem Obst vermischen.

**4.** Die Walnüsse in einer beschichteten Pfanne bei mittlerer Hitze ohne Fett rösten, bis sie duften, dann abkühlen lassen. 12 schöne Hälften beiseite legen, den Rest hacken. Den Zitronenjoghurt mit der Crème fraîche glattrühren. Mit Salz, Pfeffer und Zitronensaft würzen. Nüsse und das Dressing unter die Sellerie-Obst-Mischung ziehen. Den Salat in eine Schüssel füllen, mit Nüssen und Orangen garnieren.

# Spargelsalat rot-grün

2 kg dicke weiße Spargelstangen oder Spargelabschnitte
2 Limetten
⅛ l Gemüsebrühe
200 g Kirschtomaten
2 reife Avocados
2–3 Frühlingszwiebeln
3–4 Zweige Estragon
1 Bund Kerbel
3 Eßl. Traubenkernöl
Salz
schwarzer Pfeffer, frisch gemahlen

**Raffiniert**

Zubereitungszeit: etwa 45 Minuten
(+ 1 Stunde Marinieren)

**1.** Den Spargel waschen und mit einem Spargelschäler großzügig schälen, in etwa 2 cm lange Abschnitte teilen. Limetten gründlich waschen, eine Limette auspressen und die Schale abreiben. Saft und Schale mit der Gemüsebrühe mischen. Den Spargel darin zum Kochen bringen und etwa 10 Minuten dünsten. Den Spargel aus dem Sud heben und auf einem Sieb kalt werden lassen. Spargelsud aufheben.

**2.** Die Kirschtomaten waschen, halbieren und die Stielansätze entfernen. Die zweite Limette auspressen. Die Avocados waschen, halbieren, vom Stein befreien und schälen. Die Hälften quer in dünne Segmente teilen und sofort mit dem Limettensaft beträufeln. Die Frühlingszwiebeln waschen, putzen und in etwa ½ cm breite Ringe schneiden. Die Kräuter waschen, trockentupfen, Blättchen von den Stielen zupfen und fein hacken.

**3.** Aus dem Traubenkernöl, 100 ml Spargelsud und den gehackten Kräutern eine Marinade mischen, mit Salz und Pfeffer kräftig abschmecken. Den Spargel etwa 1 Stunde in der Marinade ziehen lassen.

**4.** Den Spargel mit den anderen Zutaten auf einer Platte anrichten.

# Erdbeer-Joghurt-Torte

(Für eine Springform von 24 cm ⌀)

45 g Butter + Butter für die Form
80 g Weizenmehl + Mehl für die Form
1 unbehandelte Orange
3 Eier
75 g Zucker
1 Prise Salz
1 Teel. Backpulver
3 Eßl. Haselnuß-Krokant
8 Blatt weiße Gelatine
500 g Naturjoghurt (3,5 % Fett)
150 g saure Sahne
4 Eßl. Ahornsirup
150 g süße Sahne
500 g Erdbeeren

**Erfrischend • Einfach**

Zubereitungszeit: etwa 1 Stunde (+ 30 Minuten Backen + 2–3 Stunden Gelieren)

**1.** Den Backofen auf 200 Grad (Gas Stufe 3–4) vorheizen. Den Boden der Form einfetten und mit Mehl ausstäuben. Von der Orange die Schale abreiben und den Saft auspressen.

**2.** Die Eier trennen. Die Eigelb mit der Butter, dem Zucker und dem Salz schaumig rühren. Einen Teelöffel Orangenschale, das Backpulver und das Mehl hinzufügen und verrühren. Die Eiweiß zu steifem Schnee schlagen. Den Eischnee und den Krokant unter die Eigelbmasse heben. Den Teig in der Form gleichmäßig verteilen, im Backofen (Mitte) etwa 30 Minuten backen. Den Kuchen aus der Form nehmen und vollständig auskühlen lassen.

**3.** Die Gelatine etwa 10 Minuten in kaltem Wasser einweichen. Den Joghurt mit der sauren Sahne, dem Orangensaft, der restlichen Orangenschale und dem Ahornsirup glattrühren.

**4.** Die Gelatine tropfnaß bei schwacher Hitze auflösen. Zum Angleichen 3 Eßlöffel Joghurtmasse in die Gelatine rühren, dann die Gelatine unter ständigem Rühren in die Joghurtcreme gießen. Die süße Sahne steif schlagen und unterziehen.

**5.** Um den ausgekühlten Boden einen Tortenring stellen und die Joghurtcreme auf dem Boden verteilen. Den Kuchen kühl stellen.

**6.** Die Erdbeeren waschen und putzen. Wenn die Joghurtcreme beginnt zu gelieren, die Erdbeeren kranzförmig auf der Creme verteilen. Den Kuchen für 2–3 Stunden kalt stellen, bis die Creme ganz fest ist.

• Sie können den Boden auch lange vorher zubereiten und einfrieren.

# Schokoladenschaum

50 g Zartbitterkuvertüre
50 g Vollmilchkuvertüre
750 g süße Sahne
50 g Raspelschokolade

**Einfach • Gut vorzubereiten**

Zubereitungszeit: etwa 30 Minuten (+ 5 Stunden Ruhen)

**1.** Die Kuvertüren grob zerkleinern und mit der Sahne aufkochen. Etwas abkühlen lassen und für mindestens 5 Stunden (besser über Nacht) in den Kühlschrank stellen.

**2.** Die Schokoladensahne mit einem Handrührgerät oder einer Küchenmaschine steif schlagen, die Schokoraspel unterheben und in einer Schüssel anrichten.

• Ideal dazu: Birnenkompott

• Wenn keine Kinder mitessen, kann der Schaum mit 3 cl Mozart-Likör oder Tia Maria abgeschmeckt werden.

# Grünes Buffet

Die Idee ist optisch reizvoll: Alle Gerichte sind grün – oder zumindest grün »verpackt«. Deshalb läßt sich dieses Buffet am besten in den Frühlings- und Sommermonaten realisieren, wenn frische Kräuter und grünes Gemüse dominieren. Alle Gerichte sind ausgesprochen leicht und stehen relativ gleichberechtigt nebeneinander. Warm ist lediglich die Kerbelsuppe, möglicherweise auch das Filet in Lauch. Salate, Krabbenfrösche und eine vegetarische Wähe werden kalt gegessen. Zum Dessert gibt's grüne Exoten: Kiwi und Avocado. Ein Gag ist die Maibowle vorweg. Doch die läßt sich nicht zu jeder Jahreszeit machen. Meine grüne Alternative: Kiwilikör mit etwas Zitronensaft und Mineralwasser aufgegossen.

## Das gibt es

- Krabbenfrösche
- Grüne Spargel-Wähe
- Kerbel-Schaumsuppe
- Broccoli-Aspik mit geräucherter Putenbrust
- Avocado-Basilikum-Sauce
- Gekräutertes Filet in Lauch
- Grüner Kartoffelsalat
- Spinatsalat süß-sauer
- Marinierte Kiwi mit Baisers
- Avocado-Limetten-Mousse

## So wird's schneller

- Die **Krabbenfrösche** können nicht vereinfacht werden. Wenn Sie in Zeitnot sind, ersetzen Sie die Frösche durch einen fertigen Krabben-Cocktail (etwa 600 g) vom Fischhändler, gemischt mit reichlich kleingezupftem Eisbergsalat.
- Backen Sie statt der **Grünen Spargel-Wähe** eine tiefgefrorene Lauch-Quiche auf oder kaufen Sie sie beim Feinkosthändler.
- Die **Kerbel-Schaumsuppe** ist einfach und schnell: keine Zeitersparnis möglich!
- Statt **Broccoli-Aspik mit geräucherter Putenbrust** die Putenbrust schon beim Metzger in Scheiben schneiden lassen, mit der **Avocado-Basilikum-Sauce** überziehen. Die Sauce geht schneller, wenn Sie Basilikum in Öl verwenden.
- Ersetzen Sie das **gekräuterte Filet** durch gekräutertes Roastbeef (Rezept S. 42). Sie können es auch fix und fertig vom Metzger zubereiten lassen.
- Verwenden Sie beim **grünen Kartoffelsalat** etwa 1 kg fertigen Kartoffelsalat Ihrer Wahl und mischen Sie ihn mit 2–3 Packungen tiefgekühlten Salatkräutern.
- Statt **Spinatsalat** können Sie fertige gefüllte Weinblätter vom Griechen oder Türken und eine Schale grüner Oliven anbieten.
- Die **marinierten Kiwi** bereiten Sie mit fertigen Baisers zu – dieses Dessert geht sowieso blitzschnell!
- Die **Avocadomousse** wird schneller, wenn Sie die drei Avocados mit dem Limettensaft und dem Zucker pürieren und dann 250 g geschlagene Sahne unterziehen. Sie können aber auch auf dieses zweite Dessert verzichten und statt dessen grüne Früchte (Trauben, Äpfel, Birnen, Ogenmelonenspalten, Stachelbeeren, Reineclauden) auf einer Platte arrangieren. Dazu gibt's Schlagsahne mit Pistazien.

## Das gibt's zu trinken

**• Als Aperitif:**
Maibowle, ersatzweise einen Cocktail aus Kiwilikör, Zitronensaft und Mineralwasser oder Sekt, garniert mit einer Kiwischeibe. Alkoholfreie Version: Waldmeister in hellem Traubensaft marinieren, mit Mineralwasser aufgießen; oder Kiwisirup mit Soda.

**• Zum Essen:**
Einen leicht »grünen« Wein wie grünen Veltliner, Chablis, Soave oder Grauburgunder. Oder – noch leichter – eine Weißweinschorle aus den genannten Weinen.

**• Zum Kaffee:**
Grüne Liköre: Kiwi, Minze, Benedictine.

## Deko-Ideen

- Klar: Die Farbe des Abends ist grün. Färben Sie ein Laken grasgrün ein, und garnieren Sie es mit Wiesenblumen. Kleine Gestecke aus Blumen und Kräutern passen gut zur Idee des Abends. Sehr raffiniert wirkt eine zartgrüne Folie, mit Kräutern, Blättern und Farnwedeln garniert und mit einer durchsichtigen Decke abgedeckt. Etwas aufwendiger: Einpackpapier mit Hilfe von Wasserfarben grün tönen und mit einer durchsichtigen Decke abdecken. Die Platten werden mit verschiedenen Kräutern, Kressebeeten und Salatblättern ausgelegt.
- Als Einladung werden im einfachsten Fall grüne Karten mit grüner Tinte beschriftet. Sie können auch Kräuter-Steckbriefe verschicken: Ein schönes Minze- oder Petersilienblatt, Dill oder Schnittlauch oder ein Kräuterbouquet mit einer selbstklebenden Klarsichtfolie auf eine Karte geklebt. Sehr elegant: selbstgemachte Kräuterfotos auf eine Doppelkarte kleben.

*Besonders edel wirkt es, wenn Sie den Tisch z. B. nur mit weißen Blüten dekorieren.*

## Zeitplan

1 Woche vorher:
- Baisers backen.
- Die Wähe backen und einfrieren.
- Die Kerbelsuppe vorbereiten und einfrieren.
- Getränke besorgen.

2 Tage vorher:
- Das Broccoli-Aspik herstellen.

Am Vortag:
- Kartoffeln kochen, das Dressing dazu extra herstellen.
- Avocado-Limetten-Mousse herstellen.
- Gekräutertes Filet in Lauch zubereiten.
- Avocado-Basilikum-Sauce zubereiten.
- Alle eingefrorenen Speisen aus der Tiefkühlung nehmen.

Am Tag selber:
- Kartoffelsalat fertigstellen.
- Krabbenfrösche herstellen.
- Spinatsalat herstellen.
- Kiwi marinieren.
- Brot und Käse besorgen.

1–2 Stunden vor Festbeginn:
- Die Maibowle ansetzen.
- Das Buffet auffüllen, die Gerichte mit Folie abdecken.
- Die Wähe aufbacken.
- Die Suppe erhitzen und fertigstellen, auf einem Rechaud anrichten.

**So verändern Sie die Mengen**
(Rezeptangaben bitte mit den Tabellenwerten multiplizieren)

| Zutaten für | 8 | 16 | 20 | 25 | 30 Pers. |
|---|---|---|---|---|---|
| Krabbenfrösche | 1 | 1 | 1 | [b] | [b] |
| Grüne Spargel-Wähe | – | 1 1/2[a] | 1 1/2[a] | 2[a] | 2[a] |
| Kerbel-Schaumsuppe | – | 1 1/2 | 1 1/2 | 2 | 2 |
| Broccoli-Aspik | – | 1 | 1 | 1 1/2 | 1 1/2 |
| Avocado-Basilikum-Sauce | – | 1 | 1 | 1 1/2 | 1 1/2 |
| Gekräutertes Filet | 1 | 1 | 2 | 2 | 2 |
| Grüner Kartoffelsalat | 3/4 | 1 1/2 | 2 | 1 1/2 | 2 |
| Spinatsalat süß-sauer | 1 | 1 | 1 1/2 | 1 1/2 | 1 1/2 |
| Marinierte Kiwi | – | 1 | 1 1/2 | 1 1/2 | 2 |
| Avocado-Limetten-Mousse | 3/4 | 1 1/2 | 1 1/2 | 2 | 2 |

[a]) Auf dem Blech gebacken [b]) Durch etwa 700 g fertigen Krabben-Cocktail mit reichlich gehackten Kräutern ersetzen

# Maibowle

1 Bund Waldmeister
(etwa 6 Eßl. Blätter)
1 1/2 l leichten Weißwein (Müller-Thurgau, Frascati oder Grüner Veltliner)
1 unbehandelte Limette
evtl. 2 Eßl. Zucker
1 Flasche Mineralwasser oder Sekt

**Klassisch • Gelingt leicht**

Zubereitungszeit: etwa 40 Minuten

**1.** Den Waldmeister mit Wasser abspülen, die Blättchen abzupfen. (Wenn Sie viel Waldmeister haben, verwenden Sie nur die oberen Blättchen, sie sind aromatischer.) Den Waldmeister mit dem gut gekühlten Wein übergießen.

**2.** Von der Limette die Schale abreiben und den Saft auspressen, beides zur Bowle geben. Die Bowle 15–20 Minuten ziehen lassen, dann durch ein Sieb gießen. Nach Belieben etwa 2 Eßlöffel Zucker dazugeben. Zum Schluß mit Sekt oder Mineralwasser auffüllen.

• Die Waldmeisterblätter sollten nicht zu lange im Wein liegen, da sonst das Aroma zu stark wird.
Leicht pikant schmeckt die Bowle, wenn Sie ein paar Pfefferminze- oder Johannisbeerblätter mitziehen lassen.

# Krabbenfrösche

24 rohe Shrimps (etwa 250 g)
4 Eßl. Zitronensaft
1 Bund Schnittlauch
1 Knoblauchzehe
1 Eßl. Butter
100 g Crème fraîche
Salz
Pfeffer, frisch gemahlen
400 g Blattspinat
2 Eßl. Olivenöl, kaltgepreßt
Muskatnuß, frisch gerieben
nach Belieben: einige Bärlauchblätter und -blüten, einige Dillblüten

**Edel • Braucht etwas Zeit**

Zubereitungszeit: etwa 1 Stunde

**1.** Die Shrimps mit 2 Eßlöffeln Zitronensaft beträufeln. Den Schnittlauch waschen, trockenschütteln und in feine Röllchen schneiden. Die Knoblauchzehe schälen und fein hacken.

**2.** Die Butter erhitzen und die Shrimps rundherum bei mittlerer Hitze kurz anbraten. Die Crème fraîche hinzufügen und alles kurz schmoren lassen. Den Schnittlauch, den Knoblauch, Salz und Pfeffer dazugeben und die Shrimps in dieser Paste abkühlen lassen.

**3.** Den Spinat waschen und putzen. In einem großen Topf reichlich Salzwasser zum Kochen bringen. Den Spinat portionsweise darin blanchieren, d. h. kurz sprudelnd kochen lassen. Mit einem Schaumlöffel nach einmaligem Aufkochen herausfischen und in einem Sieb abtropfen lassen.

**4.** So viele große Blätter beiseite legen, wie Krabben vorhanden sind. Die restlichen Blätter in ebenso viele Portionen teilen. Jeweils eine dieser Portionen in der Handfläche flachdrücken. Mit einem Löffel eine Krabbe samt Creme hineinlegen und den Spinatfrosch darüber zusammendrücken. Ein großes Deckblatt darüberlegen und den »Frosch« auf eine Platte setzen.

**5.** Wenn alle Frösche auf der Platte liegen, das Olivenöl mit dem restlichen Zitronensaft mischen und auf den Fröschen verteilen. Mit grobem Pfeffer und Muskatnuß übermahlen und kalt stellen.

• Sind die Shrimps schon gegart, brauchen Sie sie nur noch in der Sauce zu erwärmen.

• Dieses Gericht muß frisch zubereitet werden, da sowohl Shrimps als auch Spinat nicht zu lange stehen sollten.

• Sie können die Platte mit einigen Bärlauchblättern auslegen und die »Frösche« mit Bärlauchblüten verzieren. Auch Dillblüten sehen hübsch aus (nur als Dekoration!). Sie bekommen sie im Blumenladen.

# Grüne Spargel-Wähe

300 g tiefgefrorener Blätterteig
500 g grüner Spargel
Salz
1 Eßl. Butter
2 Bund Basilikum
2 Eier
150 g süße Sahne
50 g Schafkäse
Pfeffer, frisch gemahlen

**Dekorativ • Gut vorzubereiten**

Zubereitungszeit: etwa 1 Stunde

**1.** Den Blätterteig nach Packungsaufschrift auftauen lassen. Den Backofen auf 200 Grad (Gas Stufe 3) vorheizen.

**2.** Den Spargel waschen, die Schnittstellen nachschneiden. Den Spargel mit einer Prise Salz, 6 Eßlöffeln Wasser und der Butter in der Mikrowelle gut abgedeckt etwa 3 Minuten vorgaren. (Oder in Salzwasser etwa 12 Minuten vorkochen.)

**3.** Den aufgetauten Blätterteig zu einer runden Platte von etwa 33 cm Durchmesser ausrollen. Ein flaches, rundes Backblech (⌀ 26 cm) einfetten, mit dem Blätterteig auslegen. Den überstehenden Rand rundherum in regelmäßigen Abständen bis an den Rand der Form einschneiden und alle Teigstückchen nach innen drücken. Kalt stellen.

**4.** Inzwischen das Basilikum waschen, trockenschütteln, die Blättchen von den Stielen streifen. Die Eier mit der Sahne, dem Basilikum und dem Käse im Mixer oder mit dem Pürierstab sehr fein zerkleinern, pikant mit Salz und Pfeffer abschmecken.

**5.** Den Spargel so kürzen, daß er sich sternförmig – die Spitzen nach innen – in die Form legen läßt. Die Eiersahne darüber gießen und die Wähe in den heißen Backofen (Mitte) schieben. Etwa 30 Minuten backen.

• Sie können die Wähe im voraus backen und einfrieren. In diesem Fall die Backzeit um 5 Minuten kürzen, die Wähe einfrieren und am Morgen aus dem Gefrierfach nehmen. 1 Stunde vor dem Buffet bei 220 Grad etwa 15 Minuten aufbacken – wenn sie zu dunkel wird, die Wähe locker mit Pergament abdecken.

• Statt grünem können Sie auch weißen Spargel nehmen. Der muß allerdings geschält werden und hat eine etwas längere Garzeit.

# Kerbel-Schaumsuppe

1 Bund Frühlingszwiebeln
250 g Kerbel
1 Bund Petersilie
50 g Sauerampfer
1 Kartoffel (etwa 100 g)
50 g Butter oder Margarine
2 Eßl. Hirsemehl
1,5 l Hühnerbrühe
1 Glas Sherry amontillado (etwa 4 cl)
2 Eier
400 g süße Sahne
Salz
Pfeffer, frisch gemahlen
Muskatnuß, frisch gerieben
1–2 Teel. Worcestersauce

**Gut vorzubereiten**

Zubereitungszeit: etwa 30 Minuten

**1.** Die Frühlingszwiebeln und die Kräuter waschen. Die Frühlingszwiebeln von Wurzeln und Blattenden befreien und in feine Ringe schneiden. Kräuter trockenschütteln, harte Stiele entfernen, Blättchen abzupfen, dabei einige schöne Kerbelblätter zur Dekoration beiseite legen. Die Kräuter im Blitzhacker sehr fein hacken. Die Kartoffel schälen und in feine Würfel schneiden.

**2.** Die Zwiebelringe und die Kartoffelwürfel im Fett andünsten, mit dem Mehl überstäuben und einige Minuten unter Rühren weiterdünsten. Mit der Hühnerbrühe und dem Sherry ablöschen und in etwa 20 Minuten bei schwacher Hitze garen, bis die Kartoffelwürfel sehr weich sind.

**3.** Die Eier in kochendem Wasser etwa 8 Minuten kochen, dann abschrecken, pellen, fein hacken und in die Suppe legen. Die Suppe mit dem Pürierstab sehr fein pürieren. Die gehackten Kräuter dazugeben, heiß werden lassen.

**4.** Die Sahne steif schlagen und unterziehen. Die Suppe mit Salz, Pfeffer, Muskat und Worcestersauce abschmecken. Auf einem Rechaud auf's Buffet stellen. Die Kerbelblättchen kurz vor dem Servieren zur Suppe geben.

• Die Suppe läßt sich vor Zugabe der Sahne (einschließlich Arbeitsschritt **3.**) einfrieren und am Festtag auftauen und fertigstellen.

# Broccoli-Aspik mit geräucherter Putenbrust

1,5 kg Broccoli
2 Zwiebeln
1 Lorbeerblatt
2 Nelken
1 Bund Suppengrün
¼ l Weißwein
6 schwarze Pfefferkörner
einige Zweige Thymian
Salz
12 Blatt weiße Gelatine
1 Bund Petersilie
2 Eßl. Balsamessig
2–3 Eßl. Sojasauce
400 g geräucherte Putenbrust
nach Belieben: kleinblättriger Salat, z. B. Glassalat, zum Verzieren

**Gut vorzubereiten • Raffiniert**

Zubereitungszeit: etwa 1 Stunde
(+ 1 Std. Garen + 6 Stunden Gelieren)

**1.** Den Broccoli waschen. Die Röschen großzügig von den Stielen trennen, beiseite legen. Die Stiele in kurze Abschnitte schneiden. Die Zwiebeln schälen und halbieren. Eine Zwiebelhälfte mit dem Lorbeerblatt und den Nelken spicken. Das Suppengrün waschen und putzen.

**2.** Die Zwiebelhälften in einem Suppentopf ohne Fett bei mittlerer Hitze etwas Farbe nehmen lassen. Dann 1 l Wasser und den Wein dazugießen. Die Broccolistiele, das Suppengrün, die Pfefferkörner, einige Thymianstengel und einen Teelöffel Salz dazugeben, zum Kochen bringen. Etwa 40 Minuten zugedeckt leicht kochen lassen.

**3.** Die heiße Brühe durch ein Sieb gießen und die Menge abmessen. Wieder in den Topf geben, erneut zum Kochen bringen und die Broccoliröschen einlegen. Etwa 10 Minuten garen, bis sie gar, aber noch knackig sind. Die Gelatine in kaltem Wasser einweichen, abtropfen lassen und in der heißen Brühe auflösen. Mit Wasser auf eine Menge von 1 l auffüllen.

**4.** Die Petersilie waschen, trockenschütteln, die Blättchen von den Stielen zupfen und sehr fein hacken, unter die Brühe mischen. Die Brühe mit dem Essig und der Sojasauce pikant abschmecken. Die Putenbrust in etwa 1 cm große Würfel teilen.

**5.** Eine Kranzform mit kaltem Wasser ausschwenken. Eine Kelle Brühe in die Kranzform gießen, etwa ½ Stunde kalt stellen, bis sie geliert. Dann reichlich Broccoliröschen darauf verteilen, die Hälfte Fleischwürfel dazwischenstreuen und mit Brühe bedecken, etwa 1 Stunde kalt stellen. Nun die übrige Broccolibrühe mit Broccoli und den restlichen Fleischwürfeln einschichten. Mindestens 4 Stunden kalt stellen. Zum Stürzen die Form kurz mit einem nassen heißen Tuch umlegen.

**6.** Aspik in Scheiben schneiden und auf einer Platte anrichten. Nach Belieben mit Glassalat verzieren. Dazu gibt's Avocado-Basilikum-Sauce.

• Besonders schnell geliert das Aspik in einer Metallform.

# Avocado-Basilikum-Sauce

2 Bund Basilikum
1 Avocado
Saft von 1 Zitrone
150 g Sauerrahm (20 % Fett)
100 g süße Sahne
2 Teel. milder Senf
weißer Pfeffer, frisch gemahlen
Salz
nach Belieben: Salbeiblüten zum Verzieren

**Raffiniert • Geht schnell**

Zubereitungszeit: etwa 30 Minuten

**1.** Das Basilikum waschen, trockenschütteln, harte Stiele entfernen und die Blätter kleinschneiden. Zuvor einige besonders hübsche Spitzen zur Dekoration beiseite legen. Die Avocado halbieren, den Kern herausheben und das Fruchtfleisch aus der Schale heben. Dabei auch die grüne Randschicht herauskratzen. Sofort mit etwas Zitronensaft beträufeln, damit die Avocado nicht braun wird.

**2.** Die Avocado mit dem Zitronensaft und dem Basilikum im Mixer fein pürieren, dabei den Sauerrahm, die süße Sahne und den Senf dazugeben. Mit Pfeffer und Salz kräftig würzen. Diesen Dip in eine große Schüssel geben, mit Basilikumblättern und, nach Belieben, Salbeiblüten verzieren und zum Broccoli-Aspik reichen.

• Bei längerem Stehen wird die Oberfläche leicht bräunlich. Einmal Umrühren hilft.

# Gekräutertes Filet in Lauch

2 Schweinefilets
(Gesamtgewicht etwa 800 g)
2 Eßl. Butter
Salz
weißer Pfeffer, frisch gemahlen
2 Bund Petersilie
1 Bund Kerbel
1 Bund Pimpinelle
3 Teel. grüne Pfefferkörner
800 g Kalbsbrät (beim Metzger vorbestellen)
3 dicke Stangen Lauch (je etwa 400 g)
3 Eßl. Öl
100 ml Weißwein
100 g Crème fraîche

**Gut vorzubereiten • Raffiniert**

Zubereitungszeit: etwa 1 Stunde
(+ 1 Stunde Garen)

**1.** Die Filets von allen Seiten in der heißen Butter bei mittlerer Hitze anbraten, aus dem Fond heben und rundherum leicht salzen und pfeffern.

**2.** Die Kräuter waschen, trockenschleudern und von den Stengeln zupfen. Die Kräuter im Blitzhacker oder mit dem Wiegemesser sehr fein hacken. Etwa 3 Teelöffel für den Lauchschaum zur Seite legen. Die übrigen Kräuter und zwei Teelöffel Pfefferkörner in das Kalbsbrät einarbeiten.

**3.** Die Lauchstangen zu einer Länge von etwa 24 cm zurechtschneiden. Seitlich aufschneiden und unter fließendem Wasser gründlich waschen. In einem Topf reichlich Salzwasser zum Kochen bringen. Die inneren Blätter des Lauches beiseite legen. Die größeren Blätter nach und nach in kochendem Wasser blanchieren, d. h. kurz sprudelnd kochen lassen. Dann mit kaltem Wasser kurz abschrecken und auf einem Küchentuch abtropfen lassen.

**4.** Ein großes Stück (etwa 40 x 80 cm) extra feste Alufolie auf der blanken Seite mit etwas Öl bestreichen. Quer mit den Lauchblättern auslegen und die Brätmasse darauf verstreichen. Die Filets Spitze an Spitze überlappend auflegen und die Lauchblätter darüber zusammenschlagen und andrücken. Die Alufolie darüber schließen, an der Nahtstelle und den Seiten mehrfach umknicken und auf ein Backblech legen.

**5.** Den Backofen auf 200 Grad (Gas Stufe 3) vorheizen. Das Filet in den heißen Backofen (Mitte) schieben und in etwa 55 Minuten garen. Danach im abgeschalteten Ofen noch 15 Minuten ruhen lassen, herausnehmen und in der Folie völlig erkalten lassen. Den Bratensaft herauslaufen lassen und auffangen.

**6.** Für den Lauchschaum die Herzblätter in feine Streifen schneiden und im restlichen Öl braun anbraten. Mit dem Wein ablöschen, mit Salz und Pfeffer würzen und in etwa 15 Minuten garen. Die restlichen Kräuter und Pfefferkörner unterziehen, nach Geschmack mit dem Pürierstab grob zerkleinern. Dann die Crème fraîche und den aufgefangenen Bratensaft unterziehen. Kalt stellen.

**7.** Das Filet in 2 cm dicke Scheiben schneiden und mit dem Lauchschaum auf's Buffet geben.

• Statt Lauch eignen sich auch blanchierte Mangoldblätter als Umhüllung. Für die Sauce werden die Stiele wie die Lauchherzen zubereitet.

• Sie können das Gericht auch mit Pimpinelle verzieren.

# Grüner Kartoffelsalat

1 kg Speisefrühkartoffeln oder Salatkartoffeln
Salz
4 Eier
1 Bund Petersilie
1 Bund Dill
1 Bund Zitronenmelisse
1 Bund Sauerampfer
3 Eßl. Traubenkernöl
4–6 Eßl. Obstessig
300 g saure Sahne (10 % Fett)
1 Bund Schnittlauch + Schnittlauch zum Verzieren
weißer Pfeffer, frisch gemahlen

**Braucht etwas Zeit • Gelingt leicht**

Zubereitungszeit: etwa 1 Stunde (+ 12 Stunden Ruhen)

**1.** Die Kartoffeln am Vortag waschen, in der Schale mit wenig Wasser und 2 Teel. Salz bei mittlerer Hitze in etwa 30 Minuten garen. Die Kartoffeln abgießen und abkühlen lassen. Pellen und abgedeckt im Kühlschrank über Nacht ruhen lassen.

**2.** Die Eier in etwa 8 Minuten hart kochen, abschrecken und völlig auskühlen lassen, dann pellen. Die Kräuter waschen und in der Salatschleuder trockenschleudern. Die Blättchen abzupfen und sehr fein hacken.

**3.** Die Eier mit den Kräutern, dem Öl, dem Essig und der sauren Sahne im Mixer sehr fein pürieren. Den Schnittlauch waschen, trockentupfen, den Großteil in kleine Röllchen schneiden und unter die Sauce ziehen. Sauce mit Pfeffer, Salz und Essig abschmecken.

**4.** Die Kartoffeln in dünne Scheiben direkt in die Schüssel mit der Sauce schneiden, dabei ab und zu behutsam mischen, damit jede Scheibe von Dressing überzogen ist. Kräftig abschmecken und gut abdecken. Vor dem Servieren einige Schnittlauchhalme darüber geben.

• Wenn der Salat länger steht, saugt er viel Flüssigkeit auf und wird trocken. Geben Sie dann noch etwas kalte Hühnerbrühe (Instant) oder Essig dazu.

# Spinatsalat süß-sauer

300 g junger Blattspinat
2 junge Kohlrabi (etwa 500 g)
2 grüne Delicious-Äpfel
Saft von 1 unbehandelten Zitrone
4 Eßl. grüne Oliven ohne Stein
5 Eßl. Olivenöl, kaltgepreßt
4 Eßl. Balsamessig
8 Eßl. Apfelsaft
½ Bund Thymian
1 Knoblauchzehe
2 Eßl. Parmesan, frisch gerieben
Kräutersalz
Pfeffer, frisch gemahlen

**Apart • Geht schnell**

Zubereitungszeit: etwa 30 Minuten

**1.** Den Spinat waschen, putzen und verlesen. Die großen Blätter fein nudelig schneiden, die kleinen ganz lassen. Die Kohlrabi putzen, waschen und schälen. Die Knollen mit einer Juliennereibe in feine Streifen hobeln. Die kleinsten Kohlrabiblättchen hacken und beiseite legen.

**2.** Die Äpfel waschen, trockenreiben und achteln. Nach Belieben ¼ Apfel beiseite legen zur Verzierung. Das Kerngehäuse entfernen und jedes Achtel quer in feine Scheiben schneiden, mit der Hälfte vom Zitronensaft beträufeln, damit sie nicht braun werden.

**3.** Den übrigen Zitronensaft mit den Oliven im Mixer fein pürieren. Nach und nach das Öl, den Essig und den Apfelsaft dazugeben. Den Thymian waschen, trockenschütteln und die Blättchen von den Stielen streifen. Die Knoblauchzehe schälen und fein hacken. Den Knoblauch, den Thymian und den Parmesan unter das Dressing ziehen.

**4.** Den Spinat mit dem Kohlrabi und den Äpfeln locker vermischen. Das Dressing unterheben und den Salat mit Kräutersalz und Pfeffer pikant abschmecken. Nach Belieben mit dünnen Apfelscheiben verzieren.

• Statt Spinat können Sie auch Feldsalat nehmen.

• Diesen Salat erst am Tag des Festes zubereiten: Er sollte nicht lange stehen.

# Marinierte Kiwi mit Baisers

2 Eiweiß
einige Tropfen Limettensaft
100 g feiner Zucker
1 Eßl. fein gehackte Pistazien
1 Eßl. Kokosflocken
⅛ l Eierlikör
4 Eßl. süße Sahne
6 Kiwi

**Dekorativ • Gelingt leicht**

Zubereitungszeit: etwa 1 Stunde
(+ 1 Stunde Backen)

**1.** Die Eiweiß sehr steif schlagen. Unter ständigem Schlagen den Limettensaft dazugeben und den Zucker einrieseln lassen.

**2.** Ein Backblech mit Pergament auslegen. Die Baisermasse in eine Spritztüte mit kleiner Tülle füllen und kleine Tupfen (1–2 cm) dicht an dicht auf's Blech setzen. Die Hälfte Tupfen mit den Pistazien, die andere mit den Kokosflocken bestreuen. Im Backofen bei 100 Grad (Gas Stufe 1), die Ofentür dabei spaltweit geöffnet, in etwa 1 Stunde eher trocknen als backen.

**3.** Etwa 2 Stunden vor Buffetbeginn den Eierlikör mit der Sahne mischen, als Spiegel auf eine Platte gießen. Die Kiwis schälen, in Achtel schneiden und sternförmig darauf anrichten. Kurz vor Festbeginn etwa die Hälfte Mini-Baisers auf den Kiwis verteilen. Den Rest in einem Schälchen zum Mokka reichen.

# Avocado-Limetten-Mousse

4 Eier
200 g Zucker
4 unbehandelte Limetten
2 Eßl. weißer Rum
3–4 Stengel Zitronenmelisse
3 Avocados (je etwa 250 g)

**Raffiniert**

Zubereitungszeit: etwa 45 Minuten
(+ 1–2 Stunden Kühlen)

**1.** Die Eier mit dem Zucker sehr schaumig schlagen. Limetten waschen, die Schale von zwei Limetten abreiben, die Hälfte für die Dekoration beiseite legen, den Rest unter den Schaum ziehen. 3 Limetten auspressen, den Saft mit Wasser auf ¼ l auffüllen und mit dem Rum unter die Eiercreme rühren.

**2.** Die Creme in einen Topf füllen. Ein kaltes Wasserbad vorbereiten. Die Creme im Topf bei kleiner Hitze unter ständigem Rühren aufschlagen, bis die Masse aufpufft. Den Topf unverzüglich ins kalte Wasserbad stellen, dabei ständig weiterschlagen, bis die Creme lauwarm ist, dann kalt stellen.

**3.** ½ Limette auspressen. Die restliche Hälfte in dünne Scheiben schneiden, halbieren und für die Dekoration beiseite stellen. Die Zitronenmelisse waschen, trockenschütteln, die Blättchen abzupfen, einige zur Dekoration beiseite legen. Die Avocados halbieren, den Stein herausheben und das Fruchtfleisch herauskratzen. Sofort mit dem Limettensaft und der Zitronenmelisse pürieren. Dann unter die Limettencreme ziehen.

**4.** Die Schale dicht mit Frischhaltefolie verschließen und 1–2 Stunden kalt stellen. Mit der geriebenen Limettenschale, der Zitronenmelisse und den Limettenscheiben garnieren.

• Sie können die Mousse auch mit anderen Blättchen verzieren, z. B. mit Himbeerblättchen. Sehr hübsch sind auch Limettenblumen als Verzierung: Dafür schälen Sie ganze Limetten dünn in einem Stück ab und legen die Schale in Blütenform rund zusammen.

# Fisch-Buffet

Fisch ist »in« und gewinnt immer mehr Liebhaber. Dieses Buffet ist also etwas für Trendsetter. Erkundigen Sie sich aber lieber vorher, ob alle Ihre Gäste Fischfans sind. Wenn nicht, sollten Sie dieses Buffet mit unserem grünen Buffet kombinieren: Das paßt am besten zum Fisch.
Kernstück ist dieses Mal kein großes »Bratenstück« – denn Fisch läßt sich kaum warm halten, und ein kalter Riesenfisch ist kulinarisch wenig reizvoll. Deshalb gibt's eine Edel-Bouillabaisse, die kurz vor dem Auftragen erst fertiggestellt wird und auch Anfängern gelingt. Vielerlei Fisch mariniert, als Timbale, Strudel, Röllchen oder im Salat macht das Buffet bunt und vielseitig. Alle Rezepte sind ausgesprochen leicht und fettarm – damit die Gäste nicht vor der Zeit die Waffen strecken. Eine leichte Rhabarber-Götterspeise und ein etwas gehaltvollerer Clafoutis bilden den Abschluß. Als Aperitif schlage ich kalte Ente vor, eine klassisch-schlichte Bowle mit Zitronenaroma. Wer will, kann den ganzen Abend bei diesem Getränk bleiben. Dieses Buffet ist etwas für Gourmets – und nicht ganz preiswert. Unsere Tips zeigen Ihnen aber, wie Sie in puncto Kosten etwas abspecken können.

## Das gibt es

- Frühlingssalat mit Räucherlachs
- Lachstimbales mit Avocadocreme
- Meeresstrudel
- Edel-Bouillabaisse
- Pesto
- Knoblauch-Safran-Creme
- Matjesschnecken mit Radieschenschnee
- Marinierte Paprikascholle
- Rhabarber-Götterspeise mit Erdbeeren
- Marzipan-Clafoutis

## So wird's schneller

- **Frühlingssalat mit Räucherlachs** wird schneller, wenn Sie Spargel aus dem Glas verwenden: Dann entfällt das Putzen und Garen des Gemüses.
- Statt **Lachstimbales** die Lachscreme in eine Terrinenform füllen und bei 180 Grad in 40 Minuten im Wasserbad garen. Die Avocadocreme getrennt dazu reichen. Oder 700 g fertige Fischterrine kaufen.
- Den etwas komplizierten **Meeresstrudel** ersetzen durch 8 halbierte Forellenfilets mit Sahnemeerrettich (Fertigprodukt) oder ganz streichen und dafür 50% mehr Matjesfilets und marinierte Schollenfilets verarbeiten.
- Für die **Bouillabaisse** Fischfond aus dem Glas verwenden und die Zutaten eßfertig vom Händler herrichten lassen. **Pesto** und **Knoblauch-Safran-Creme** (Aioli) als Fertigprodukt reichen.
- **Matjesschnecken mit Radieschenschnee** ersetzen durch gewässerte Matjesfilets auf Kresse mit gehackten Zwiebeln.
- Die **marinierte Paprikascholle** ist so einfach – daran müssen Sie nichts verändern.
- Die **Rhabarber-Götterspeise mit Erdbeeren** ohne Rhabarber nur mit dem Rotwein, den Gewürzen und Erdbeeren herstellen. Oder 800 g Rote Grütze aus dem Glas mit etwas Cassis und 800 g frischen Erdbeeren anrühren.
- Statt **Clafoutis** beim Konditor etwa 18 Petit Fours bestellen und die Käseplatte um 1 Sorte erweitern.

## Das gibt's zu trinken

Fisch verträgt keine schweren oder gar süßen Weine und auch kein derbes Bier. Eine leichte Version der kalten Ente und trockene, aber gehaltvolle Weißweine sind ideal. Ein trockener Rosé paßt ebenfalls hervorragend zum Lachs und zum Dessert. Dafür dürfen Sie beim Kaffee in die vollen gehen: Bei soviel trockener Leichtigkeit tut ein süßer Likör zum Abschluß gut. Als alkoholfreien Aperitif und Getränk für den ganzen Abend können Sie kalte Ente »ohne« anbieten: Ersetzen Sie den Weißwein durch kalten Traubensaft und lassen Sie den Sekt weg.

- **Als Aperitif:**

kalte Ente, kalte Ente »ohne«

- **Zum Essen:**

kalte Ente, kalte Ente »ohne«,
trockener, etwas anspruchsvoller Weißwein (Chablis, Riesling, Entre deux mers)
Rosé d'Anjou

- **Zum Kaffee:**

Likör (Amaretto, Drambuie, Tia Maria)
Cognac

## Deko-Ideen

- Das Buffet auf einem Boot anzurichten ist natürlich eine besonders originelle Idee, aber nicht immer so leicht zu verwirklichen. In jedem Fall sind für die Deko – weil's um Fisch geht – alle Grün- und Blautöne willkommen. Als Dekoration lassen sich Muscheln, kleine Glaskugeln und Vogelsand zu hübschen Arrangements legen. Wenn Sie Platten in Fischform haben, um so besser. Glasschalen mit blau-grünen Schwimmkerzen sind besonders wirkungsvoll. Auch Papierschiffchen machen sich auf dem Buffet gut. Aber mixen Sie nicht zu viele Elemente: Entscheiden Sie sich für eine Grundidee.
- Die Einladungen können Fischform haben – mit Glanzpapier hübsch geschuppt. Sie können aber auch zartes Briefpapier in Doppelmuscheln packen. Oder in altbeliebter Form Schiffchen falten und beschriften.

*Alles, was Assoziationen zu Wasser, Meer, Fisch und Muscheln weckt, ist als Dekoration willkommen.*

## Zeitplan

1 Woche vorher:
- Fischfond für die Bouillabaisse zubereiten und einfrieren.
- Lachstimbales herstellen und einfrieren.
- Getränke besorgen.

3 Tage vorher:
- Pesto und Knoblauch-Safran-Creme zubereiten und kalt stellen.

2 Tage vorher:
- Marinierte Paprikascholle zubereiten.
- Marzipan-Clafoutis backen und einfrieren.

Am Vortag:
- Matjesschnecken mit Radieschenschnee herstellen.
- Rhabarber-Götterspeise fertigstellen.
- Fischfond, Timbales und Clafoutis auftauen.

Am Tag selber:
- Meeresstrudel vorbereiten.
- Bouillabaisse vorbereiten.
- Frühlingssalat herstellen.

1–2 Stunden vor Festbeginn:
- Die Zitrone für die kalte Ente einlegen.
- Die Platten anrichten, bis zum Eintreffen der Gäste mit Folie abdecken.
- Clafoutis aufbacken.
- Meeresstrudel aufschneiden, evtl. nochmals kurz aufbacken.

### So verändern Sie die Mengen

(Rezeptangaben bitte mit den Tabellenwerten multiplizieren)

| Zutaten für | 8 | 16 | 20 | 25 | 30 Pers. |
|---|---|---|---|---|---|
| Frühlingssalat | ¾ | 1 | 2 | 2 | 2 |
| Lachstimbales | – | 1½[a] | 1½[a] | 2[a] | 2[a] |
| Meeresstrudel | 1 | 1 | 1 | 1½ | 2 |
| Edel-Bouillabaisse | 1 | 1¼ | 1½ | 2 | 2½ |
| Pesto | – | 1½ | 1½ | 1½ | 2 |
| Knoblauch-Safran-Creme | 1 | 1 | 1½ | 2 | 2 |
| Matjesschnecken | ¾ | 1½ | 1 | 2 | 2 |
| Marin. Paprikascholle | – | 1 | 1½ | 1½ | 2 |
| Rhabarber-Götterspeise | 1 | 1½ | 2 | 2 | 2 |
| Marzipan-Clafoutis | – | 1 | 1 | 1½[b] | 2[c] |

[a]) Lachsfarce mit Avocado in Kastenform garen, übrige Avocadocreme dazu reichen
[b]) in großer Reine gebacken [c]) auf dem Blech backen

# Kalte Ente

1 unbehandelte Zitrone
1 Flasche trockener Weißwein (z. B. Müller-Thurgau)
1 Flasche Mineralwasser
1 Flasche trockener Sekt

**Klassisch • Gelingt leicht**

Zubereitungszeit: etwa 30 Minuten (+ 1½ Stunden Ziehen)

**1.** Die Zitrone waschen und abtrocknen. Mit einem scharfen Messer die Schale spiralförmig abschälen, das Ende an der Zitrone lassen. Die Zitrone mit einem Spießchen rundherum einstechen und in einen Bowlenkrug legen. Den Wein darauf gießen und kalt stellen. Mindestens 1½ Stunden ziehen lassen. Mineralwasser und Sekt ebenfalls kalt stellen.

**2.** Die Hälfte Wein in einen anderen Krug gießen, den Wein im Krug mit je einer halben Flasche Mineralwasser und Sekt auffüllen, in Bowlen- oder Sektgläser füllen. Danach die zweite Portion kalte Ente im Krug mischen.

- Als alkoholfreie Variante 1 l Traubensaft mit ⅛ l Zitronensaft mischen und mit 1½ l Mineralwasser auffüllen.

# Frühlingssalat mit Räucherlachs

1 kg dicker weißer Spargel oder
800 g Spargelspitzen
1 Zitrone
Salz
1 Prise Zucker
700 g Zuckererbsen
1–2 Eßl. Weißweinessig
4 Eßl. grünes Traubenkernöl oder
Sonnenblumenöl
1 Teel. milder Senf
1 Bund Estragon
100 g fester Räucherlachs in Scheiben

**Edel • Erfrischend**

Zubereitungszeit: etwa 1 Stunde
(+ 1–2 Stunden Ziehen)

**1.** Den Spargel waschen, schälen und in etwa 5 cm lange Abschnitte teilen. Die Zitrone auspressen und den Saft mit 100 ml Wasser, 1 Teelöffel Salz und der Prise Zucker mischen. Die Spargelabschnitte mit dem Sud in eine Mikrowellenschüssel geben und zudecken.

**2.** In der Mikrowelle bei 600 Watt in etwa 20 Minuten garen. (Ohne Mikrowelle im Topf etwa 15 Minuten köcheln lassen.) Im Sud auskühlen lassen.

**3.** Die Zuckererbsen waschen. Die Enden abzwicken, dabei eventuell vorhandene Fäden abziehen. Den Spargelsud abgießen und die Erbsen darin garen: in der Mikrowelle bei 600 Watt etwa 12 Minuten, im Topf bei mittlerer Hitze etwa 10 Minuten. Abkühlen lassen.

**4.** Das Gemüse behutsam mischen. Den Sud mit dem Essig, dem Öl, dem Senf und Salz pikant abschmecken, unter das Gemüse ziehen.

**5.** Den Estragon waschen, trockentupfen, die Blättchen von den Stielen streifen und hacken. Die einzelnen Lachsscheiben in feine Streifen schneiden. Den Estragon und den Lachs unter den Salat mischen, 1–2 Stunden ziehen lassen.

# Lachstimbales mit Avocadocreme

750 g Lachsfilet
1 Zitrone
Salz
150 g süße Sahne
150 g Crème fraîche
1 Bund Pimpinelle
1 Bund Dill
Pfeffer, frisch gemahlen
1 Limette
1 Avocado
Sonnenblumenöl zum Einfetten
nach Belieben: Avocadoviertel zum Verzieren

**Raffiniert • Gut vorzubereiten**

Zubereitungszeit: etwa 1½ Stunden

**1.** Den Fisch waschen und trockentupfen. Die Zitrone auspressen, den Lachs mit dem Saft beträufeln und leicht salzen. Etwa 30 Minuten im Tiefkühlfach anfrieren lassen. Die Sahne und die Crème fraîche dazustellen.

**2.** Die Pimpinelle und den Dill waschen, trockentupfen und die Blättchen von den Stengeln zupfen. Einige hübsche Pimpinelleblättchen beiseite legen.

**3.** 40 g von der Crème fraîche abnehmen. Den Rest mit der Sahne und dem Lachsfilet samt dem Zitronensaft portionsweise im Blitzhacker fein pürieren, dabei salzen und pfeffern.

**4.** Die Limette auspressen. Die Avocado halbieren, den Kern und das Fruchtfleisch herausheben, das Fruchtfleisch mit dem Limettensaft beträufeln. Die Dillspitzen und Pimpinelleblättchen dazugeben. Alles mit dem Pürierstab sehr fein pürieren. Die Masse mit 40 g Crème fraîche, Salz und Pfeffer verrühren und abschmecken. Sofort in ein Gefäß mit Deckel füllen, damit die Masse sich nicht verfärbt.

**5.** Die Timbales in zwei Portionen herstellen. 6 kleine hohe Tassen oder Egg-Coddler (Inhalt etwa ⅛ l) dünn mit Öl einpinseln. Auf den Boden ein Pimpinellenblatt legen. Die Fischfarce abwiegen und in 12 Portionen teilen. Jeweils ⅔ einer Portion in eine Tasse füllen. Mit einem Teelöffel eine Kuhle in die Farce drücken und diese mit dem Avocadomus füllen. Mit Fischfarce bedecken und verstreichen.

**6.** Die Tassen mit Mikrowellenfolie abdecken, in eine feuerfeste flache Form stellen, ⅛ l Wasser dazugeben. Im Mikrowellenherd bei 400 Watt 8 Minuten garen. (Im Backofen [Mitte] die Tassen mit Alufolie – blanke Seite nach innen – abdecken, in ein tiefes Blech mit Wasser setzen und bei 180 Grad [Gas Stufe 2] etwa 20 Minuten garen.)

**7.** Die Timbales im kalten Wasser erkalten lassen, dann behutsam aus den Tassen stürzen und in einer verschlossenen Box kalt stellen. Dann erst die zweite Portion Timbales herstellen.

**8.** Die Timbales einzeln auf Portionstellerchen anrichten, mit Dill und Pimpinelle garnieren oder auf einer Platte anrichten, die mit in Fächer geschnittenen Avocadovierteln verziert ist. Die restliche Avocadocreme dazu reichen.

# Meeresstrudel

1 Zitrone
600 g Rotbarschfilet
250 g Surimi
Salz
Pfeffer, frisch gemahlen
2 Scheiben Toastbrot
50 g geriebene Mandeln
200 g süße Sahne
50 g Sauerampfer
1 Bund Petersilie
1 Ei
2 Mangoldstauden (etwa 600 g)
12 große Blätter Reispapier
Öl für das Backblech
2 Eßl. Sesamöl
1 Eßl. schwarze Sesamsamen

**Raffiniert • Macht etwas Arbeit**

Zubereitungszeit: etwa 1½ Stunden (+ 30 Minuten Garen)

**1.** Die Zitrone auspressen. Das Rotbarschfilet waschen und trockentupfen, mit etwas Zitronensaft beträufeln. Den restlichen Zitronensaft über die Surimi verteilen. Den Rotbarsch leicht mit Salz und Pfeffer bestreuen.

**2.** Das Toastbrot entrinden und zerpflücken, mit den Mandeln mischen und mit der süßen Sahne beträufeln. Die Kräuter waschen, trockentupfen und die harten Stiele abzupfen.

**3.** Die Rotbarschfilets, den Brotbrei, die Kräuter und das Ei im Blitzhacker zu einer feinen Farce pürieren. Mit Salz und Pfeffer abschmecken.

**4.** Die Mangoldblätter vom Strunk lösen, waschen, die Stiele auslösen und anderweitig verwenden. Das Reispapier 2–3 Minuten in kaltem Wasser einweichen. Ein Küchentuch auf der Arbeitsfläche ausbreiten. Das Reispapier darauf überlappend zu einem Rechteck von etwa 30 x 40 cm ausbreiten. Mit Mangoldblättern auslegen. Das Fischmus darauf verstreichen, parallel zur Breitseite die Surimistäbchen in drei Reihen mit etwa 5 cm Abstand einlegen. Mit Hilfe des Küchentuchs den Strudel locker zusammenrollen.

**5.** Den Backofen auf 180 Grad (Gas Stufe 2) vorheizen. Ein Backblech einölen. Den Strudel – die Nahtstelle nach unten – aufs Blech schieben, die Enden einschlagen, Strudel mit dem Sesamöl bestreichen und mit den Sesamsamen bestreuen. Im Backofen (oben) etwa 30 Minuten backen. Heiß, lauwarm oder kalt auf's Buffet setzen.

• Surimi ist gepreßter Pollack mit Krabbenfärbung und -aroma. Surimistäbchen lassen sich sehr gut schneiden und sind deshalb als Einlage für diese zarte Farce besonders günstig.

• Fischfarce und Surimi lassen sich auch in eine Terrinenform schichten und im Backofen garen (wie die Timbales). Die Terrine wird dann kalt, eventuell in Scheiben geschnitten, angerichtet.

• Aus der Fischfarce lassen sich auch Klößchen abstechen und in etwas Fischfond (siehe Bouillabaisse oder Fertigprodukt) pochieren. Den Fond als Sauce mit gehacktem Mangold und Crème fraîche binden, als Ragout mit Reis warm servieren.

# Edel-Bouillabaisse

2–3 kg Fischabfälle (beim Fischhändler 1 Tag vorher bestellen)
4 reife Fleischtomaten (etwa 1 kg)
2 Stangen Lauch (je etwa 300 g)
2 Stangen Bleichsellerie (etwa 300 g)
2 Knoblauchzehen
1 unbehandelte Zitrone
1 Lorbeerblatt
1 Zweig Thymian
Salz
1 Teel. weiße Pfefferkörner
750 g Lachsscheiben
750 g Filet vom Viktoriabarsch
500 g rohe geschälte Garnelen, ersatzweise Shrimps
500 g vorgegarte und tiefgekühlte Muscheln ohne Schalen
(z. B. Jakobsmuscheln)

**Edel • Klassisch**

Zubereitungszeit: etwa 1½ Stunden
(+ 1½ Stunden Kochen)

**1.** Die Fischabfälle waschen und in einen großen Topf schichten. 2 l Wasser darüber gießen. Die Tomaten mit kochendem Wasser überbrühen. Etwa 4 Minuten ziehen lassen, bis die Schale aufplatzt. Die Tomaten mit kaltem Wasser abschrecken, die Schale abziehen und die Kerne entfernen. Schale und Kerne zu dem Fischfond geben. Das Tomatenfleisch in Würfel schneiden und in den Kühlschrank stellen.

**2.** Die Lauchstangen waschen, die Wurzeln abschneiden. Die oberen Blattenden abtrennen und zum Fischfond geben. Die unteren Stangen aufschneiden, unter fließendem Wasser nochmals gründlich waschen und in etwa 2 cm lange Abschnitte teilen. Ebenfalls im Kühlschrank aufbewahren.

**3.** Die Bleichselleriestangen putzen und waschen. Die Knoblauchzehen schälen. Die Zitronenschale dünn abschneiden. Alles mit dem Lorbeerblatt, dem Thymian, 1 Teelöffel Salz und den Pfefferkörnern zum Fond geben. Den Fond zum Kochen bringen, bei schwacher Hitze etwa 1 Stunde köcheln lassen und durch ein Sieb gießen.

**4.** Beide Fischsorten waschen und in etwa 5 cm große Würfel schneiden. Die Zitrone auspressen, den Saft auf dem Fisch verteilen, alles leicht salzen. Die Garnelen schälen, ebenfalls mit Zitronensaft beträufeln. Die Muscheln waschen und abtropfen lassen.

**5.** Den Fond zum Kochen bringen. Die Garnelen, den Lachs, den Viktoriabarsch und die Lauchringe einlegen. Langsam erhitzen, bis die Suppe einmal aufwallt. Dann die Tomatenwürfel und die Muscheln dazugeben. Heiß werden lassen und nochmals abschmecken.

• Dazu gibt es die Knoblauch-Safran-Sauce, das Pesto und Baguette. Kenner bestreichen eine Baguettescheibe mit Pesto oder Knoblauch-Safran-Sauce und legen sie in die Suppe.

• Bei längerem Erhitzen zerfällt das Fischfleisch. Bereiten Sie alles bis auf Schritt **5.** vor. Stellen Sie die Bouillabaisse aber erst fertig, wenn alle Gäste die Vorspeise gegessen haben. Sie benötigen dafür etwa 10 Minuten.

• Im Schnellkochtopf ist der Fond in 30 Minuten fertig – und riecht nicht.

• Den Fond können Sie 1–2 Wochen vorher kochen und einfrieren. In diesem Fall kochen Sie 1 ganze Tomate und 1 ganze Lauchstange mit und bereiten das Gemüse zur Einlage frisch zu.

• Wenn Sie nur gegarte Garnelen bekommen (rosafarben), geben Sie sie mit den Muscheln nach dem Aufkochen zum Heißwerden in die Bouillabaisse.

# Pesto

1 Bund Petersilie
2 Bund Basilikum
4 Eßl. Olivenöl, kaltgepreßt
Salz
Pfeffer, frisch gemahlen
50 g Parmesan, frisch gerieben
50 g Pinienkerne
1 Zitrone

**Klassisch • Gut vorzubereiten**

Zubereitungszeit: etwa 30 Minuten

**1.** Die Kräuter waschen und abtropfen lassen. Die Blättchen von den Stielen zupfen.

**2.** Die Kräuter mit dem Olivenöl, Salz, Pfeffer, dem Parmesan und den Pinienkernen im Blitzhacker zerkleinern.

**3.** Die Zitrone auspressen. Saft nach und nach in die Sauce einlaufen lassen. Mit Salz und Pfeffer abschmecken und in ein Schälchen füllen. Zur Bouillabaisse reichen.

# Knoblauch-Safran-Sauce

1 Knoblauchknolle
6 Eßl. Olivenöl, kaltgepreßt
100 ml Hühnerbrühe
2 Eier
1 Döschen Safran
1 Teel. körniger Senf
Salz
weißer Pfeffer, frisch gemahlen

**Gut vorzubereiten • Pikant**

Zubereitungszeit: etwa 30 Minuten

**1.** Die Zehen aus der Knolle lösen und schälen. 3 Zehen beiseite legen. Die übrigen Zehen in 1 Eßlöffel Öl andünsten, mit der Hühnerbrühe ablöschen und in etwa 10 Minuten bei mittlerer Hitze garen.

**2.** Inzwischen die Eier in etwa 8 Minuten hart kochen, kalt abschrecken und pellen. Die Eiweiß anderweitig verwenden, die Eigelb abkühlen lassen und durch ein Sieb drücken.

**3.** Die Knoblauchzehen in der Brühe pürieren, den Safran dazugeben. Das Mus abkühlen lassen. Inzwischen die 3 rohen Knoblauchzehen sehr fein hacken.

**4.** Ist das Püree kalt, die Eigelb, die Knoblauchzehen, den Senf und das restliche Öl unterrühren. Mit Salz und Pfeffer abschmecken. Zur Bouillabaisse reichen.

# Matjesschnecken mit Radieschenschaum

8 frische Matjesfilets (je etwa 140 g)
Mineralwasser
2 Bund Radieschen
100 g saure Sahne (20 % Fett)
Salz
weißer Pfeffer, frisch gemahlen
50 g Kresse

**Dekorativ • Gelingt leicht**

Zubereitungszeit: etwa 30 Minuten

**1.** Die Matjesfilets der Länge nach teilen. In einer Schüssel mit Mineralwasser bedecken und kurz ziehen lassen.

**2.** Inzwischen die Radieschen von Blättern und Wurzeln befreien und gründlich waschen. 4 besonders schöne Radieschen vierteln und als Dekoration beiseite legen.

**3.** Die übrigen Radieschen im Mixer oder mit dem Pürierstab fein pürieren. In einem Sieb abtropfen lassen. Das Radieschenmus mit der sauren Sahne cremig rühren, mit Salz und Pfeffer abschmecken.

**4.** Die Kresse mit Wasser kurz abduschen und abtropfen lassen. Je ein halbes Matjesfilet mit etwas Kresse belegen und eng zusammenrollen, als Halt ein Holzspießchen durchstecken. Die Schnecken auf einer Platte anrichten, in die Mitte jeweils ein Radieschenviertel setzen. Den Radieschenschaum in einer Schale dazu reichen.

• Für ganz ausgebuffte Matjesfans können Sie noch eine Schale mit gehackten roten Zwiebeln dazustellen.

# Marinierte Paprikascholle

500 g Schollenfilets
1 Zitrone
Salz
Pfeffer, frisch gemahlen
1 Stange Lauch (etwa 250)
je 1 rote, gelbe und grüne Paprikaschote (etwa 600 g)
5 cl Obstessig
300 ml Apfelsaft
1 Lorbeerblatt
1 Teel. Rohrzucker
1 Teel. Senfkörner
1 Teel. schwarze Pfefferkörner

**Einfach • Gut vorzubereiten**

Zubereitungszeit: etwa 30 Minuten (+ 6 Stunden Marinieren)

**1.** Die Schollenfilets waschen und trockentupfen, der Länge nach halbieren. Die Zitrone auspressen, den Saft über die Filets träufeln. Mit Salz und Pfeffer bestreuen, kalt stellen.

**2.** Von der Lauchstange Wurzel und Blattenden abschneiden, Stange längs aufschneiden, unter Wasser gründlich waschen und in dünne Scheiben schneiden. Die Paprikaschoten waschen, halbieren, Stiele, Zwischenwände und Kerne entfernen. Die Schoten in breite Streifen schneiden.

**3.** Den Essig mit dem Apfelsaft, dem Lorbeerblatt, dem Rohrzucker, den Senf- und Pfefferkörnern mischen, eine Prise Salz hinzufügen. Alles zum Kochen bringen, das Gemüse einlegen und etwa 10 Minuten bei mittlerer Hitze zugedeckt kochen lassen.

**4.** Die Schollenfilets inzwischen in eine Form legen. Den kochenden Sud samt Gemüse und Gewürzen darüber gießen. Das Lorbeerblatt entfernen und alles abkühlen lassen, nochmals abschmecken. Mindestens 6 Stunden im Kühlschrank ziehen lassen. 2 Stunden vor Buffetbeginn herausstellen.

• Schollenfilets gibt es auch als Tiefkühlprodukt.

# Rhabarber-Götterspeise mit Erdbeeren

1 kg Erdbeeren
150 g Zucker
1 kg rosa Rhabarber
½ l Spätburgunder Rotwein
2 cl Johannisbeerlikör (Cassis)
1 Zimtstange
8 Blatt Gelatine

**Apart • Gelingt leicht**

Zubereitungszeit: etwa 1 Stunde
(+ 6 Stunden Gelieren)

**1.** Die Erdbeeren waschen, putzen und je nach Größe vierteln oder halbieren. Für die Dekoration etwa 12 kleine, besonders schöne Beeren beiseite legen. Die kleingeschnittenen Beeren mit 100 g Zucker bestreuen und ziehen lassen.

**2.** Den Rhabarber waschen, die Enden putzen und die Stangen in 5 cm lange Abschnitte teilen. Den Wein mit dem Cassis, der Zimtstange und dem übrigen Zucker in einen Topf geben, den Rhabarber einlegen und zum Kochen bringen. Etwa 30 Minuten köcheln lassen.

**3.** Die Gelatine in kaltem Wasser einweichen. Den Rhabarber in ein Sieb gießen und gut abtropfen lassen. Die Gelatine in den heißen Wein geben, wo sie sich auflöst. Etwas abkühlen lassen.

**4.** Die warme Lösung über die eingezuckerten Erdbeeren gießen, gut verrühren. Abschmecken und wenn nötig nachzuckern. Das Dessert in eine Kristallschüssel gießen und mindestens 6 Stunden kalt stellen. Die übrigen Erdbeeren locker über die Speise verteilen.

# Marzipan-Clafoutis

800 g Süßkirschen
150 g Marzipanrohmasse
1 Päckchen Vanillezucker
4 Eier
80 g Mehl
150 g süße Sahne
2 Eßl. Amaretto
Fett für die Form
Puderzucker zum Bestreuen

**Klassisch • Gut vorzubereiten**

Zubereitungszeit: etwa 30 Minuten
(+ 35 Minuten Backen)

**1.** Die Kirschen waschen, putzen und entsteinen.

**2.** Die Marzipanrohmasse kleinschneiden. Den Vanillezucker dazugeben. Nach und nach die Eier dazugeben, dabei das Marzipan cremig rühren. Zum Schluß das Mehl unterrühren, dann die Sahne und den Amaretto, so daß ein zähflüssiger Teig entsteht.

**3.** Den Backofen auf 180 Grad (Gas Stufe 2) vorheizen. Eine flache Pie-Form (⌀ 26 cm) einfetten. Den Teig in die Form gießen und die Kirschen darauf verteilen. Im Backofen (Mitte) in etwa 35 Minuten backen. Herausnehmen und abkühlen lassen. Dann mit Puderzucker bestreuen. Warm oder kalt auf's Buffet setzen.

Dazu paßt halbsteif geschlagene Sahne.

• Clafoutis ist ein als Kuchen gebackener Pfannkuchen und entsprechend flaumig-fest. Statt frischer Kirschen kann man auch Schattenmorellen aus dem Glas, kernlose Weintrauben, Aprikosenspalten oder jede Beerensorte verwenden.

• Am besten schmeckt Clafoutis frisch. Sie können ihn aber trotzdem vorher backen und einfrieren. Lassen Sie ihn dann über Nacht bei Zimmertemperatur auftauen und backen Sie ihn auf: Schieben Sie ihn vor dem Buffet für etwa 20 Minuten bei 100 Grad in den Backofen und stellen ihn lauwarm auf den Tisch.

# Mittelmeer-Buffet

Die Küche des Mittelmeer-Raumes gewinnt immer mehr Anhänger: Sie ist leicht, raffiniert und äußerst abwechslungsreich. Und da wir diese Küche meist aus sonnigen Urlauben kennen und das Klima am Mittelmeer im allgemeinen mild ist, paßt dieses Buffet am besten in unsere warme Jahreszeit. Denn dann gibt es alle typischen Zutaten auch hier frisch: Zucchini, Tomaten, Paprika, Auberginen, Lauch, Kräuter, Beeren, Aprikosen und Melone. So liegt ein starkes Gewicht auf mariniertem, gegartem Gemüse. Fisch und Meeresfrüchte sind zweimal vertreten: im Salat und in der Sauce zum Braten. Der Braten wiederum ist zitronig eingelegt und in Weinblättern gegart. Zum Nachtisch gibt's eine nicht gefrorene – und deshalb »falsche« – Cassata und einen raffinierten Obstsalat. Alles in allem – ein würzig-leichtes Eßvergnügen für lange Sommerabende – mit hitzefesten Genüssen!

## Das gibt es

- Olivenbrot
- Röst-Paprika
- Übergrillte Mini-Zucchini
- Marinierter Mozzarella
- Couscous-Salat mit Meeresfrüchten
- Kalbsnuß in Weinblättern
- Grüne Thunfischsauce
- Eingelegter Lauch
- Nudelsalat
- Falsche Cassata
- Obstsalat in Karamel

## So wird's schneller

- Das **Olivenbrot** läßt sich lange zuvor backen und einfrieren. Fehlt die Zeit, wird es einfach durch Baguette und eine Schale Oliven ersetzt.
- **Röst-Paprika** ist vor allem durch das Abziehen der Haut langwierig. Verzichten Sie einfach auf's Pellen, oder lassen Sie die Paprika weg und erhöhen Sie die Mengen von Zucchini und Lauch um je ein Viertel.
- **Übergrillte Mini-Zucchini, marinierter Mozarrella** und **eingelegter Lauch** sind so unkompliziert und im voraus zuzubereiten: Sie sollten nicht darauf verzichten.
- Die **Kalbsnuß** wird viel einfacher, wenn Sie die Weinblätter weglassen. Den Braten mit Zitronensaft, Knoblauch und Pfeffer einreiben, in ¾ l Weißwein über Nacht ziehen lassen und darin am nächsten Tag bei kleiner Hitze in etwa 2 Stunden garen und im Sud erkalten lassen.
- Die **grüne Thunfischsauce** ist einfach – sie kann so bleiben. Alternativ können Sie zum Fleisch eine Sauce aus scharfem Senf mit süßer Sahne glattgerührt und fertige Remoulade reichen.
- **Salate** kosten immer Zeit. Entweder Sie ersetzen sie durch eine größere Menge mariniertes Gemüse. Oder Sie mischen für den **Couscous-Salat** etwa 400 g fertigen Meeresfrüchte-Cocktail mit dem Couscous, der Hälfte Hühnerbrühe und dem Zitronensaft. Der **Nudelsalat** geht schneller, wenn Sie die Auberginen mit Bacon durch 400 g eingelegte geviertelte Artischockenherzen ersetzen.
- Die **Cassata** ist einfach zuzubereiten. Notfalls kann sie durch eine tiefgefrorene, fertige Cassata ersetzt werden.
- **Obstsalat** kostet Zeit und muß frisch zubereitet werden. Bieten Sie statt dessen eine Schale frischer Beeren, Nektarinen und Melonenschiffchen an.

## Das gibt's zu trinken

Rund um's Mittelmeer wird Wein getrunken – da fällt die Auswahl schwer. In jedem Fall sollten die Weine leicht sein. Weißwein oder Rosé paßt zu diesem Buffet am besten, doch kann man für absolute Rotwein-Fans auch ein paar Flaschen Roten bereithalten. Als Aperitif steht Campari-Soda oder Campari-Orange für mediterranes Lebensgefühl. Wer seine Party in Türkis gestalten will, sollte Curaçao blue wählen. Sowohl Campari als auch Curaçao gibt es als alkoholfreies Mixgetränk für alle Gäste, die es »ohne« lieben. Und nachher? – Ganz stilecht Ouzo, Absinth oder Grappa. Und natürlich Mokka, der rund ums Mittelmeer nach dem Essen nicht fehlen darf.

**• Als Aperitif:**
Campari-Soda & -Orange (auch »ohne«) oder Curaçao blue mit Tonic (auch »ohne«) oder mit Prosecco

**• Zum Essen:**
Weißwein: Soave, Frascati
Rosé: Vin de sable, Mateus Rosé
Rot: Rioja, Tunesischer Rotwein, Chianti, Barolo
Mineralwasser, Säfte

**• Zum Mokka:**
Ouzo, Absinth, Grappa

## Deko-Ideen

• Türkis ist eine sehr ausdrucksvolle Grundfarbe in Kombination mit Gerichten. Zusammen mit Weiß erinnert sie an die weißen Häuser des Mittelmeerraumes mit ihren türkisfarbenen Türen und Fensterläden. Am einfachsten, Sie wählen eine türkise Lackfolie und bleiben bei weißem Steingutgeschirr. Auch grün-blau-türkis bemalte Keramik wirkt sehr typisch – als Schüssel oder Unterteller. Und wenn dann noch zart türkisgetönte Gläser bereitstehen (preiswert aus Preßglas), ist gleich ein Urlaubsfeeling da.

• Die Alternative lautet Terracotta. Am besten auf Holztischen mit groben Leinenservietten, die dann wieder weiß, grün oder türkis sein können – oder eben terracottafarben.

• Kurz und bündig sagt eine Mini-Karte mit den Umrissen des Mittelmeeres den Gästen, was auf sie wartet. Oder schlicht auf Türkis einladen. Ebenfalls einladend: Meereskarten aller Schattierungen. Oder ein großes Meereswellenposter, das in Einzelkarten geschnitten und verschickt wird. Die Gäste dürfen es beim Fest dann wieder zusammensetzen.

*Campari schmeckt mit Soda oder »on the rocks«. Wer es weniger bitter mag, mixt den Campari mit Orangensaft.*

## Zeitplan

| | |
|---|---|
| 1 Woche vorher: | • Olivenbrot backen und einfrieren.<br>• Getränke besorgen. |
| 3 Tage vorher: | • Röst-Paprika zubereiten. |
| 2 Tage vorher: | • Kalbsnuß in Weinblättern braten.<br>• Eingelegten Lauch zubereiten – aber noch ohne Shrimps.<br>• Mozzarella marinieren. |
| Am Vortag: | • Übergrillte Mini-Zucchini herstellen.<br>• Cassata zubereiten.<br>• Für den Nudelsalat Auberginen mit Bacon vorbereiten.<br>• Olivenbrot auftauen. |
| Am Tag selber: | • Kalbsnuß aufschneiden.<br>• Thunfischsauce zubereiten.<br>• Marinierten Mozzarella fertigstellen.<br>• Eingelegten Lauch fertigstellen.<br>• Nudelsalat zubereiten.<br>• Couscous-Salat herstellen.<br>• Cassata stürzen und garnieren.<br>• Obstsalat zubereiten. |
| 1–2 Stunden vor Festbeginn: | • Platten anrichten und mit Frischhaltefolie abdecken.<br>• Buffet auffüllen. |

## So verändern Sie die Mengen

(Rezeptangaben bitte mit den Tabellenwerten multiplizieren)

| Zutaten für | 8 | 16 | 20 | 25 | 30 Pers. |
|---|---|---|---|---|---|
| Olivenbrot | 1/2[a] | 1 | 1 1/2 | 1 1/2 | 2 |
| Röst-Paprika | – | 1 2/5 | 1 2/5 | 2 | 2 |
| Übergrillte Zucchini | 3/4 | 1 1/2 | 1 | 1 1/2 | 1 1/2 |
| Marinierter Mozzarella | – | 1 1/2 | 2 | 2 | 2 |
| Couscous-Salat | – | 1 1/2 | 1 1/2 | 1 1/2 | 2 |
| Kalbsnuß in Weinblättern | 3/4 | 1 | 1 1/2 | 1 3/4 | 2 |
| Grüne Thunfischsauce | 1/2 | 1 | 1 1/2 | 1 1/2 | 2 |
| Eingelegter Lauch | – | 1 | 1 1/2 | 1 1/2 | 1 1/2 |
| Nudelsalat | 1 | – | 1 | 2 | 2 |
| Falsche Cassata | – | 1 | 2 | 1 1/2 | 2 |
| Obstsalat in Karamel | 1 | 1 1/2 | 1 | 2 | 2 |

[a]) In kleiner Form backen

# Olivenbrot

(Für 1 große Kastenform)

250 g Weizenmehl
1 Tütchen Trockenhefe
150 ml trockener Weißwein
150 ml Olivenöl, kaltgepreßt
100 g roher luftgetrockneter Schinken
100 g Gruyère
1–2 Zweige frischer Majoran
4 Eier
½ Teel. Salz
100 g Walnußkerne
je 50 g schwarze und grüne Oliven

**Gut vorzubereiten**

Zubereitungszeit: 45 Minuten
(+ 1¼ Stunden Gehen + 1 Stunde Backen)

**1.** Das Mehl mit der Hefe mischen. Nach und nach den Wein und das Öl unterrühren. Den dickflüssigen Teig abdecken und an einem warmen Ort etwa 30 Minuten gehen lassen.

**2.** Inzwischen den Schinken von Fetträndern befreien und in sehr schmale Streifen schneiden. Den Gruyère fein reiben. Den Majoran mit Wasser abbrausen und trockentupfen, die Blättchen von den Stengeln streifen. Nach und nach die Eier und das Salz in den Teig rühren. Danach den Schinken, den Käse, den Majoran und die Nüsse unterziehen. Zum Schluß die Oliven (wenn nötig) entsteinen und ebenfalls unterziehen.

**3.** Eine Kastenform einfetten. Den Teig in die Form füllen und nochmals etwa 45 Minuten gehen lassen.

**4.** Den Backofen auf 190 Grad (Gas Stufe 3) vorheizen. Das Brot (unten) in etwa 1 Stunde goldbraun backen.

**5.** Das Brot einige Minuten ruhen lassen. Dann aus der Form nehmen und auf einem Kuchengitter auskühlen lassen.

**6.** In dünne Scheiben schneiden und anrichten.

# Röst-Paprika

5 Paprikaschoten (rot, gelb und orange oder grün), etwa 1 kg
Salz
2–4 Knoblauchzehen
1 Bund glatte Petersilie
1 Bund Basilikum
1 Zitrone
1 Prise Zucker
6–8 Eßl. Olivenöl, kaltgepreßt
Pfeffer, frisch gemahlen

**Gut vorzubereiten • Braucht etwas Zeit**

Zubereitungszeit: etwa 1½ Stunden
(+ 6 Stunden Ziehen)

**1.** Die Schoten waschen, abtrocknen und auf ein Backblech legen. Den Grill vorheizen und das Blech direkt darunterschieben. Alle 5 Minuten, wenn die Haut bräunlich und runzelig wird, die Schoten wenden. Sind alle Seiten geröstet, das Blech aus dem Ofen nehmen. Die Paprika rundherum mit Salz bestreuen. Ein Küchentuch naß machen, auswringen und feucht über die heißen Paprika breiten.

**2.** Die Knoblauchzehen schälen und quer in dünne Scheiben schneiden. Die Petersilie und das Basilikum waschen, trockentupfen und die Blätter von den Stielen streifen.

**3.** Die Haut von den noch warmen Paprikaschoten ziehen. Dann die Schoten jeweils in sechs Teile schneiden und den Stielansatz und die Kerne entfernen. Den ausgetretenen Saft auffangen und durch ein Sieb geben.

**4.** Die Paprikaschoten sternförmig auf einer großen Platte oder in einer Schale anrichten. Dazwischen immer Petersilie legen. Darüber die Knoblauchscheiben streuen. Die Zitrone auspressen, mit dem Paprikasaft, dem Zucker und dem Öl vermischen, über die Paprika gießen, mit Pfeffer übermahlen.

**5.** Die Paprika mindestens 6 Stunden ziehen lassen.

• Im Kühlschrank können die eingelegten Schoten etwa 1 Woche aufbewahrt werden.

# Übergrillte Mini-Zucchini

700 g sehr kleine Zucchini
1 Eßl. Basilikum in Öl
1 Eßl. Olivenöl, kaltgepreßt
Salz
weißer Pfeffer, frisch gemahlen
3 Eßl. Sesamsamen
3 Eßl. Parmesan, frisch gerieben
2–3 Eßl. Balsamessig

**Geht schnell • Raffiniert**

Zubereitungszeit: etwa 30 Minuten

**1.** Die Zucchini waschen, die Blüten- und Stielansätze entfernen und die Zucchini der Länge nach halbieren.

**2.** Das Basilikum in Öl mit dem Olivenöl glatt rühren und die Schnittflächen der Zucchini damit bestreichen. Mit Salz und Pfeffer bestreuen.

**3.** Die Zucchini in eine große flache Auflaufform dicht an dicht setzen und mit den Sesamsamen und dem Parmesan bestreuen.

**4.** Die Zucchini unter dem Grill etwa 10 Minuten garen, bis sie leicht braun werden. Dann mit dem Balsamessig beträufeln. Sie schmecken warm und kalt.

• Wer keinen Grill hat, kann die Zucchini auch im Backofen (oben) bei 240 Grad (Gas Stufe 4) in etwa 10 Minuten garen.

# Marinierter Mozzarella

300 g Mini-Mozzarella
1 Bund Basilikum
4 Eßl. Balsamessig
3 Eßl. Olivenöl, kaltgepreßt
Salz
schwarzer Pfeffer, frisch gemahlen
250 g Kirschtomaten

**Gelingt leicht • Geht schnell**

Zubereitungszeit: etwa 30 Minuten (+ 12 Stunden Marinieren)

**1.** Die Mozzarellakugeln aus der Lake nehmen und auf einem Sieb gut abtropfen lassen. Die Lake auffangen.

**2.** Das Basilikum bis auf 1 Stengel waschen und trockenschütteln. Blätter von den Stielen zupfen und mit einer Schere in Streifen schneiden.

**3.** 4 Eßlöffel der Mozzarellalake mit dem Essig, dem Öl, dem Basilikum, dem Salz und dem Pfeffer verrühren. Den Mozzarella in diese Flüssigkeit einlegen und über Nacht darin ziehen lassen.

**4.** Die Kirschtomaten waschen, trockentupfen und die Stielansätze entfernen. In die Mozzarellamarinade einlegen. Den übrigen Basilikum waschen, trockenschütteln, die Blättchen abzupfen und zum Garnieren verwenden.

• Wenn Sie keinen Mini-Mozzarella bekommen, nehmen Sie Mozzarella in Stangenform, vierteln ihn der Länge nach und schneiden ihn dann in etwa 1 cm dicke Scheiben.

# Couscous-Salat mit Meeresfrüchten

3 unbehandelte Zitronen
½ l Hühnerbrühe (Instant)
2–3 Teel. Harissa, ersatzweise Tabasco
200 g Couscous (Weizengrieß)
1 rote Zwiebel
2 Knoblauchzehen
1 Bund glatte Petersilie
1 Bund Koriandergrün (ersatzweise
1 Bund Petersilie mehr)
300 g gemischte gegarte Meeresfrüchte (tiefgefroren oder frisch)
3 Eßl. Olivenöl, kaltgepreßt
Salz
schwarzer Pfeffer, frisch gemahlen
nach Belieben:
schmale Streifen von roter Paprikaschote
einige Blättchen Zitronenmelisse

**Klassisch • Geht schnell**

Zubereitungszeit: etwa 30 Minuten

**1.** Die Schale von 2 Zitronen mit einer feinen Reibe abreiben. Dann die Zitronen auspressen. Die Hühnerbrühe und das Harissa dazugeben, dann den Couscousgrieß.

**2.** Die Zwiebel und den Knoblauch schälen. Die Zwiebel fein würfeln, den Knoblauch fein hacken. Die Petersilie waschen, trockentupfen, einige Stengel Petersilie beiseite legen, den Rest hacken. Das Koriandergrün ebenfalls waschen, trockentupfen, die Blättchen abzupfen und hacken. Mit den Meeresfrüchten, der Zwiebel, dem Knoblauch und dem Olivenöl unter den Salat ziehen. Salat mit Salz und Pfeffer würzen und etwa 15 Minuten ziehen lassen. Dann nochmals abschmecken. 1 Zitrone waschen und in Scheiben schneiden.

**3.** Eine Platte am Rand mit der übrigen Petersilie auslegen, den Salat kuppelförmig darauf anrichten, mit Zitronenscheiben garnieren, nach Belieben mit Paprikastreifen und Zitronenmelisse verzieren.

• Steht der Salat länger, wird er trocken, weil der Couscous viel Flüssigkeit aufsaugt. Dann mit einer Mischung aus Brühe und Zitronensaft auffüllen.

# Kalbsnuß in Weinblättern

100 g eingelegte Weinblätter
100 g Kürbiskerne
50 g Pinienkerne
5 Eßl. Öl
2 Limetten
2 Knoblauchzehen
80 ml Weißwein
Salz
Pfeffer, frisch gemahlen
2 kg Kalbsnuß

**Gut vorzubereiten • Braucht Zeit**

Zubereitungszeit: etwa 1 Stunde (+ 2 Stunden Garen)

**1.** Die Weinblätter aus der Lake nehmen, mit kaltem Wasser abbrausen und mit Küchenpapier trockentupfen.

**2.** Die Kürbiskerne und die Pinienkerne erst hacken, dann mit dem Pürierstab fein pürieren. Dabei nach und nach das Öl einfließen lassen. Eine

Limette auspressen. Den Knoblauch schälen und fein hacken. Den Limettensaft mit dem Wein und dem Knoblauch unter die Nußmasse mischen, mit Salz und Pfeffer abschmecken. Das Fleisch von allen Seiten damit bestreichen. Den Backofen auf 200 Grad (Gas Stufe 3) vorheizen.

**3.** Auf ein großes Stück extra starke Alufolie so viele Weinblätter überlappend legen, wie der Braten groß ist. Den Braten auf die Blätter setzen und die übrigen Blätter um den Braten legen. Die Alufolie fest um den Braten wickeln und an allen Seiten schließen.

**4.** Den Braten im Backofen (Mitte) in etwa 2 Stunden garen. In der Folie abkühlen lassen.

**5.** Den abgekühlten Braten in dünne Scheiben schneiden. Die zweite Limette waschen und ebenfalls in dünne Scheiben schneiden. Den Braten mit den Limettenscheiben anrichten und die grüne Thunfischsauce dazu reichen.

## Grüne Thunfischsauce

2 Dosen Thunfisch naturell (je 200 g)
2 Bund gemischte Kräuter (Petersilie, Dill, Schnittlauch)
1 Bund Basilikum
100 ml Olivenöl, kaltgepreßt
100 g süße Sahne
1–2 Eßl. Zitronensaft
Salz
Pfeffer, frisch gemahlen

**Gut vorzubereiten • Gelingt leicht**

Zubereitungszeit: etwa 30 Minuten

**1.** Den Thunfisch auf einem Sieb abtropfen lassen, den Sud auffangen.

**2.** Die Kräuter waschen, trockentupfen und die Blättchen von den Stielen zupfen. Im Blitzhacker fein hacken. Den Thunfisch, das Öl und die Sahne dazugeben und so lange mixen, bis eine cremige Masse entstanden ist. So viel Thunfischsud hinzufügen, daß die Konsistenz dickflüssig ist.

**3.** Die Sauce mit dem Zitronensaft, Salz und Pfeffer abschmecken.

# Eingelegter Lauch

2 große Stangen Lauch (je etwa 600 g)
einige Zweige Thymian
4 Eßl. Öl
¼ l Weißwein
Salz
½ Teel. weiße Pfefferkörner
250 g gegarte Cocktailshrimps
1 Eßl. Zitronensaft

**Gut vorzubereiten • Gelingt leicht**

Zubereitungszeit: etwa 1 Stunde (+ 12 Stunden Marinieren + 3 Stunden Ziehen)

**1.** Von den Lauchstangen die Wurzeln und die dunkelgrünen Blattenden abschneiden. Die Stangen der Länge nach aufschneiden und unter fließendem Wasser gründlich waschen. Abtropfen lassen und schräg in etwa 4 cm lange Abschnitte teilen. Thymian waschen und trockenschütteln.

**2.** Das Öl in einer großen Kasserolle erhitzen, die Lauchstücke darin kurz anbraten und dann mit dem Wein ablöschen. Die Gewürze dazugeben und alles etwa 10 Minuten bei schwacher Hitze köcheln lassen, bis der Lauch gar ist. Im Sud abkühlen lassen und über Nacht darin marinieren lassen.

**3.** Etwa 3 Stunden vor dem Anrichten eventuell die Thymianzweige entfernen. Die Shrimps mit dem Zitronensaft dazugeben und bis zum Buffet ziehen lassen. In einer Schüssel mit etwas Marinade anrichten.

# Nudelsalat

600 g Auberginen
50 g Bacon in Scheiben
6 Eßl. Olivenöl, kaltgepreßt
Salz
schwarzer Pfeffer, frisch gemahlen
150 g grüne Nudeln (z. B. schmale Bandnudeln)
1 Bund Frühlingszwiebeln
200 g Feta
6 Eßl. Balsamessig
1 Bund Basilikum
2 Eßl. schwarze Oliven

**Gelingt leicht**

Zubereitungszeit: etwa 45 Minuten

**1.** Die Auberginen waschen, abtrocknen und in etwa 1 cm große Würfel schneiden. Die Baconscheiben quer in Streifen schneiden. Auberginen und Bacon mit dem Öl, Salz und Pfeffer mischen und auf einem Backblech ausbreiten. Unter den vorgeheizten Grill schieben und auf jeder Seite etwa 3 Minuten braun rösten. (Im Backofen bei 250° [Gas Stufe 5] dauert das Rösten etwa 15 Minuten.)

**2.** Die Nudeln in 1,5 l kochendem Salzwasser mit einem Teelöffel Öl in etwa 8 Minuten al dente kochen. Abschütten, abschrecken und gut abtropfen lassen.

**3.** Frühlingszwiebeln waschen, putzen und in Ringe schneiden. Den Feta aus der Lake nehmen, kurz unter kaltem Wasser abspülen und abtropfen lassen. Den Feta in etwa 2 cm große Würfel schneiden. Lake aufheben.

**4.** Die kalten Nudeln, das Auberginengemüse, die Frühlingszwiebeln und den Feta in einer großen Schüssel locker vermischen. Den Essig mit etwas Feta-Lake und Salz und Pfeffer mischen, unter den Salat ziehen.

**5.** Das Basilikum waschen, trockenschütteln, die Blätter abzupfen. Die Oliven nach Belieben vom Stein befreien und grob hacken. Beides unter den Salat ziehen und nochmals abschmecken.

# Falsche Cassata

(Für 1 Rehrückenform)
500 g Ricotta
500 g gut abgetropfter Magerquark
100 g süße Sahne
1 Päckchen Vanillezucker
75 g Zucker
abgeriebene Schale von
1 unbehandelten Zitrone
5 cl Maraschino
6 Blatt weiße Gelatine
1 Charentais-Melone (etwa 400 g)
150 g Himbeeren
50 g gehackte Pistazien

**Raffiniert**

Zubereitungszeit: etwa 30 Minuten
(+ 6½ Stunden Gelieren)

**1.** Den Ricotta mit dem Quark, der Sahne, dem Vanillezucker, dem Zucker, der Zitronenschale und dem Maraschino mit einem Handrührgerät auf der höchsten Stufe einige Minuten lang kräftig schlagen.

**2.** Die Gelatine etwa 10 Minuten in kaltem Wasser einweichen, abtropfen lassen und im Wasserbad auflösen.

**3.** 2 Eßlöffel Quarkmasse zum Angleichen in die aufgelöste Gelatine rühren, dann die Gelatine unter ständigem Rühren in die Quarkmasse gießen. Die Masse kalt stellen.

**4.** Von der Melone die Schale abschneiden, die Melone halbieren und die Kerne entfernen. Das Fruchtfleisch in Würfel schneiden. Die Himbeeren kurz mit Wasser abbrausen, auf Küchenpapier abtropfen lassen.

**5.** Wenn die Quarkmasse zu gelieren beginnt, die Melonenwürfel, Himbeeren und die Hälfte der Pistazien unterheben. Nach Belieben ein paar Himbeeren und Melonenstückchen beiseite legen zum Garnieren. Eine Rehrückenform mit kaltem Wasser ausspülen. Die Quarkmasse einfüllen und mindestens 6½ Stunden im Kühlschrank fest werden lassen.

**6.** Die restlichen Pistazien noch feiner hacken. Die Cassata aus der Form stürzen und mit den Pistazien bestreuen.

# Obstsalat in Karamel

500 g Aprikosen
50 g Zucker
2 Eßl. Zitronensaft
50 g Mandelblättchen
⅛ l Sekt
250 g Erdbeeren
250 g Johannisbeeren
4 Kiwi

**Klassisch • Gelingt leicht**

Zubereitungszeit: etwa 1 Stunde

**1.** Die Aprikosen waschen und halbieren, dabei entsteinen. Große Früchte in Viertel schneiden.

**2.** Den Zucker im Zitronensaft auflösen. In einer Pfanne langsam erhitzen und zum Kochen bringen. Die Mandelblättchen dazugeben. So lange bei mittlerer Hitze köcheln lassen, bis der Zucker und die Mandeln beginnen zu bräunen. Sofort mit dem Sekt ablöschen, Hitze erhöhen.

**3.** Wenn der Sekt aufkocht, die Aprikosen einlegen und etwa 1 Minute kochen lassen, dann im Sud abkühlen lassen.

**4.** Die Beeren verlesen, putzen und waschen. Nur größere Erdbeeren halbieren. Die Kiwi schälen und in Achtel schneiden. Beeren und Kiwi unter das Aprikosenkompott ziehen und den Obstsalat kalt stellen.

• Dazu passen Mandelmakronen und Zabaglione (Weinschaumsauce).

# Gartenfest

Dieses Buffet ist abgestimmt auf lange, warme Sommertage und -abende: Es gibt ausschließlich kalte Gerichte, die besonders leicht und erfrischend sind. Nur die Rosmarinkartoffeln können warm auf's Buffet kommen. Außer der Lachsforelle, die gut gekühlt sein sollte (stellen Sie die Platte eventuell auf Kühlelemente), halten alle Speisen durchaus eine Portion Hitze aus. Die einzelnen Bestandteile des Buffets lassen sich so gut vorbereiten, daß sie sich auch für ein Picknick auf der grünen Wiese eignen. Die pikante Kaltschale erfrischt und nimmt den ersten Hunger. Die magere Lachsforelle mit ihrer fruchtig-scharfen Ergänzung ist die eigentliche Vorspeise. Die fein zitronig eingelegte, leichte Putenbrust wird durch die cremige Paprikasauce, die Kartoffeln und eine üppige Gemüseplatte ergänzt. Den Abschluß bilden Früchte in raffinierter Form. Viele Beeren, reichlich Gemüse und Kräuter des Sommers setzen farbliche und geschmackliche Akzente. Der Thymian-Wein als Aperitif sieht nicht nur besonders dekorativ aus: Er ist ausgesprochen apart und spritzig: der richtige Einstieg in ein Sommerfest.

## Das gibt es

- Zucchini-Apfel-Kaltschale
- Graved Lachsforelle
- Brombeer-Meerrettich
- Marinierte Paprika-Putenbrust
- Paprikaschaum
- Rosmarinkartoffeln aus dem Tontopf
- Gemüseplatte
- Grüne Sauce
- Gefüllte Wassermelone
- Sommergrütze

## So wird's schneller

- **Kaltschale** ersatzlos streichen.
- Die **Graved Lachsforelle** ist so einfach: Nur wenn Ihnen der Vorlauf fehlt, sollten Sie sie durch gekauften Graved Lachs ersetzen.
- Statt unserem **Brombeer-Meerrettich** mischen Sie einfach ein Glas fertigen Sahne-Meerrettich (200 g) mit 100 g Crème fraîche und 300 g Brombeeren.
- Die **Putenbrust** läßt sich durch geräucherte Putenbrust (auch Putenschinken genannt) ersetzen. Lassen Sie vom Metzger 1,2 kg Putenbrust in etwa 3 mm dicke Scheiben schneiden. Bringen Sie eine Platte mit und lassen Sie das Fleisch schon darauf anrichten. Beträufeln Sie die Putenbrust mit einer Marinade aus 4 Eßlöffel Balsamessig und 3 Eßlöffel Traubenkernöl, etwas Paprikapulver und Pfeffer. Dazu reichen Sie einen Schaum aus Paprikapüree (Ajwar, Glas 200 g) und 200 g süßer geschlagener Sahne.
- Die **Kartoffeln** ersetzen Sie durch 2–3 Baguettes.
- Die **Gemüseplatte** mit eingelegter roter Bete, gekochten kleinen Maiskolben, Palmherzen und grünem Spargel aus dem Glas aufpeppen und nur Möhren und Blumenkohl selber zubereiten. Als Dip 500 g fertigen Sauerrahm mit Kräutern, frisch gehackter Petersilie und 3 Eßlöffel Traubenkernöl anrichten.
- Statt **gefüllter Wassermelone** gibt's einfach Spalten von Charentais-Melone, beträufelt mit Orangenlikör.
- Die **Grütze** ist so einfach – schneller geht's nicht.

## Das gibt's zu trinken

Bei sommerlicher Hitze braucht man einen kühlen Kopf. Deshalb passen leichte, weniger gehaltvolle Weine oder Bier besonders gut zu dem Buffet. Mineralwasser sollten Sie reichlich auf Lager haben. Der Aperitif wird durch Wasser entschärft, der Thymian regt an: eine gesunde Mischung. Für alle, die nüchtern bleiben wollen, gibt es eine Mischung aus ¾ l weißem Traubensaft, dem Saft von 2 Zitronen und dem Thymian, mit Mineralwasser aufgegossen.

- **Als Aperitif:**

Gespritzter Thymian-Wein oder gespritzte Thymian-Zitrone (alkoholfrei)
- **Zum Essen:**

Bier
Weißwein (Gutedel, Grüner Veltliner, Soave wie für den Thymian-Wein)
Cidre
Mineralwasser
- **Zum Kaffee:**

Obstbrände

## Deko-Ideen

- Kräftige Buntstiftfarben für Einladungskarten und Buffet sind das richtige: sonnengelbe Lackfolie und glänzendes Lackpapier wirken besonders freundlich.
- Wählen Sie als Motto die Sonne! Witzig: eine ausgeschnittene Sonne auf die Einladung kleben. Und den Garten mit Sonnen-Lampions erleuchten.
- Eine alternative Sommer-Idee sind Windräder. Schreiben Sie die Einladung auf gefaltete Windräder und verteilen Sie Windräder im Garten.
- Hübsch sieht es auch aus, wenn Sie Kübelpflanzen im Garten verteilen. Damit können Sie das Gartenfest auch räumlich ein bißchen eingrenzen.

*Eine schöne Dekoration sind Papierschirme, die das Buffet vor zuviel Sonne schützen und auch den Gästen kleine schattige Oasen bieten. Abends werden dann Fackeln angezündet.*

## Zeitplan

| | |
|---|---|
| 1 Woche vorher: | • Zucchini-Apfel-Kaltschale zubereiten und einfrieren.<br>• Getränke besorgen. |
| 3 Tage vorher: | • Die Lachsforelle einlegen.<br>• Die Putenbrust vorbestellen. |
| 2 Tage vorher: | • Die Putenbrust einlegen. |
| Am Vortag: | • Die Putenbrust zubereiten.<br>• Die Melone zubereiten.<br>• Das Gemüse zubereiten.<br>• Die grüne Sauce zubereiten.<br>• Die Getränke kalt stellen.<br>• Das Buffet soweit wie möglich aufbauen.<br>• Die Kaltschale aus der Tiefkühlung nehmen. |
| Am Tag selber: | • Die Sommergrütze zubereiten.<br>• Den Brombeer-Meerrettich herstellen.<br>• Den Paprikaschaum herstellen.<br>• Die Kartoffeln garen. |
| 1–2 Stunden vor Festbeginn: | • Lachs, Putenbrust und Melone aufschneiden und anrichten.<br>• Das Buffet auffüllen – alles mit Frischhaltefolie bedecken bis zum Eintreffen der Gäste.<br>• Den Thymian-Wein ansetzen. |

### So verändern Sie die Mengen
(Rezeptangaben bitte mit den Tabellenwerten multiplizieren)

| Zutaten für | 8 | 16 | 20 | 25 | 30 Pers. |
|---|---|---|---|---|---|
| Zucchini-Apfel-Kaltschale | 3/4 | 1 | 1 1/2 | 1 1/2 | 2 |
| Graved Lachsforelle | – | 1 1/3 | 1 2/3 | 2 | 2 1/2 |
| Brombeer-Meerrettich | – | 1 | 1 1/2 | 2 | a |
| Marin. Paprika-Putenbrust | 3/4 | 1 | 1 1/4 | 1 1/2 | 2 |
| Paprikaschaum | – | 1 | 1 | 1 1/3 | b |
| Rosmarinkartoffeln | 3/4 | 1 | 1 1/2 | 1 1/2 | 2 |
| Gemüseplatte | 1 | 1 1/2 | 1 1/2 | 2 | 2 |
| Grüne Sauce | 1 | 1 1/2 | 1 1/2 | 1 1/2 | 2 |
| Gefüllte Wassermelone | 1 | 1 | 2 | 2 | 2 |
| Sommergrütze | – | 1 1/2 | 1 1/2 | 1 1/2 | 2 |

[a]) Statt Brombeer-Meerrettich fertigen Sahne-Meerrettich (300 g) mit etwas Preiselbeermus (50 g) verrühren
[b]) 2 Gläser Paprikapüree mit 1 Becher geschlagener Sahne verrühren

# Gespritzter Thymian-Wein

1 Bund frischer Thymian
1,5 l trockener, leichter Weißwein (Gutedel, Grüner Veltliner, Soave)
1 Flasche Mineralwasser

**Geht schnell**

Zubereitungszeit: etwa 15 Minuten (+ 45 Minuten Ziehen)

**1.** Den Thymian kurz unter fließendem Wasser abbrausen und trockentupfen, dabei Blättchen nicht lösen.

**2.** In einen 2-l-Krug – am besten aus Glas – legen und mit dem gut gekühlten Wein übergießen. Im Kühlschrank etwa 45 Minuten ziehen lassen. Das Mineralwasser ebenfalls kühlen. Wasser vor dem Servieren in einen Krug füllen.

**3.** Thymian-Wein aus der Karaffe ausschenken und ein großes Glas zur Hälfte damit füllen. Mit Mineralwasser aufgießen.

## Zucchini-Apfel-Kaltschale

1 kg kleine Zucchini
150 g Kartoffeln, mehligkochend
500 g grüne Kochäpfel (z. B. Klaräpfel)
1 kleine Stange Lauch (etwa 200 g)
400 ml Gemüsebrühe
½ l Buttermilch
Saft von ½ Zitrone
Salz
Pfeffer, frisch gemahlen
1 Prise Zimt
1–2 Teel. Kreuzkümmel
2 Eßl. Kurkuma
2 Eßl. Worcestersauce
4 Eßl. Sesamsamen
2–3 Stengel Zitronenmelisse

**Exotisch • Gut einzufrieren**

Zubereitungszeit: etwa 45 Minuten (+ 4 Stunden Kühlen)

**1.** Die Zucchini, die Kartoffeln und die Äpfel waschen und abtropfen lassen oder trockenreiben.

**2.** Die Enden von den Zucchini abschneiden und die Zucchini in Scheiben schneiden. Den Lauch waschen, die Wurzeln und die Blattenden abtrennen. Den Lauch seitlich aufschneiden, unter fließendem Wasser gründlich waschen, ebenfalls in Scheiben schneiden. Die Kartoffeln schälen und in kleine Würfel schneiden. Die Äpfel achteln, dabei das Kerngehäuse entfernen.

**3.** Das vorbereitete Gemüse mit den Äpfeln in der Gemüsebrühe zum Kochen bringen, bei mittlerer Hitze (zugedeckt) in etwa 10 Minuten garen.

**4.** Die Suppe etwas abkühlen lassen, dann im Mixer oder mit dem Pürierstab pürieren.

**5.** Die Suppe mit der Buttermilch und dem Zitronensaft verrühren, mit Salz, Pfeffer, Zimt, Kreuzkümmel, Kurkuma und der Worcestersauce abschmecken.

**6.** Die Sesamsamen in einer beschichteten Pfanne ohne Fett bei mittlerer Hitze hellbraun rösten, in die Suppe geben.

**7.** Die Zitronenmelisse waschen, trockentupfen und die Blätter vom Stengel zupfen. Die Suppe in eine Terrine füllen und die Melissenblättchen dekorativ darauf verteilen.

• Sehr hübsch sind auch hauchdünne, kleine Zucchinischeiben und Apfelspalten als Dekoration auf der Suppe. Aber Vorsicht: die Apfelscheiben mit Zitronensaft beträufeln, sonst werden sie braun.

• Sie können die Suppe vorkochen bis einschließlich **6.** und dann einfrieren. Am Abend vor dem Essen im Kühlschrank auftauen, dann wie im Rezept anrichten. Am besten, ein kleiner, gefrorener Kern schwimmt noch in der Suppe, wenn das Buffet eröffnet wird: dann bleibt sie kalt.

## Graved Lachsforelle

6 Lachsforellenfilets (je etwa 200 g)
2 Eßl. brauner Zucker
2 Eßl. Salz
schwarzer Pfeffer, frisch gemahlen
3 Bund Dill

**Edel • Gelingt leicht**

Zubereitungszeit: etwa 30 Minuten (+ 2–3 Tage Marinieren)

**1.** 2–3 Tage vor dem Buffet die Filets waschen, mit Küchenkrepp trockentupfen. Den Zucker mit dem Salz und dem Pfeffer mischen, die Filets von beiden Seiten damit einreiben.

**2.** Zwei Bund Dill unter fließendem Wasser abbrausen und trockentupfen. Eine möglichst große Auflaufform mit Dill auslegen, so viele Filets wie möglich mit der Schnittseite darauf legen. Wieder mit Dill bestreuen, die übrigen Filets mit der Schnittseite nach unten einlegen, mit dem übrigen Dill bedecken.

**3.** Ein passendes großes Holzbrett auflegen, mit Konservendosen beschweren und den Fisch im Kühlschrank 2–3 Tage ziehen lassen. Danach hat sich eine Lake gebildet.

**4.** Den Fisch aus der Lake heben und kurz in Eiswasser legen. Dann abtupfen und jedes Filet der Länge nach durchschneiden.

**5.** Die Filets auf eine Platte legen. Den übrigen Bund Dill waschen, trockentupfen und um die Filets legen. Alles mit Pfeffer übermahlen.

• Die Gäste haben es einfacher, wenn Sie vor dem Anrichten die Haut von den Filets abziehen. Aber dekorativer sieht der Fisch mit Haut aus!

• Sie können auch schmale Zitronenschnitze auf der Platte anrichten.

# Brombeer-Meerrettich

½ feste Salatgurke
½ Bund Radieschen
½ roter Apfel
2 Eßl. Zitronensaft
50 g Meerrettich
Salz
weißer Pfeffer, frisch gemahlen
80 g Crème fraîche
80 g süße Sahne
200 g Brombeeren

**Raffiniert**

Zubereitungszeit: etwa 30 Minuten

**1.** Die halbe Gurke waschen, schälen, längs durchschneiden, die Enden abschneiden und das kernige Innere herauskratzen. Die Radieschen putzen und waschen. Den Apfel waschen, achteln und vom Kerngehäuse befreien.

**2.** Die Gurke, die Radieschen und den Apfel mit der Juliennereibe oder der Küchenmaschine in schmale Streifen oder grobe Raspeln hobeln. Sofort mit dem Zitronensaft vermischen, damit der Apfel sich nicht verfärbt.

**3.** Den Meerrettich mit dem Salz, dem Pfeffer, der Crème fraîche und der Sahne verrühren. Mit der Rohkost mischen. Die Brombeeren verlesen, mit kaltem Wasser abbrausen und abtropfen lassen.

**4.** Einige Brombeeren beiseite legen. Die übrigen Brombeeren behutsam unterziehen, die Mischung abschmecken und in eine Schale füllen. Mit den Brombeeren garnieren und zur Lachsforelle reichen.

# Marinierte Paprika-Putenbrust

2 kg Putenbrust am Stück
5 Eßl. Balsamessig
3 Eßl. grünes Traubenkernöl (ersatzweise Olivenöl)
1 Teel. Pfeffer, frisch gemahlen
1 Eßl. Paprikapulver, edelsüß
2 Eßl. Sojasauce
1 Teel. Zucker
je 1 rote, gelbe und grüne Paprikaschote
nach Belieben: einige Thymianzweige

**Gut vorzubereiten**

Zubereitungszeit: etwa 45 Minuten (+ 12 Stunden Marinieren + 1¼ Stunden Braten + 2 Stunden Abkühlen)

**1.** Die Putenbrust beim Metzger vorbestellen: Sie sollte einen möglichst gleichmäßigen Durchmesser haben, aber nicht gerollt sein.

**2.** Den Essig mit dem Öl, dem Pfeffer, dem Paprikapulver, der Sojasauce und dem Zucker verrühren. Das Putenfleisch damit rundherum bestreichen und in einem Gefäß mit Deckel im Kühlschrank über Nacht marinieren lassen.

**3.** Die Paprikaschoten waschen, halbieren, den Stielansatz, die Zwischenwände und die Kerne entfernen. Die Hälften der Länge nach in drei Segmente teilen.

**4.** Die Putenbrust der Länge nach in der Mitte so tief wie möglich einschneiden, dann parallel zu diesem Schnitt im Abstand von etwa 4 cm rechts und links ebenfalls tief einschneiden. Die Schnittflächen mit der Marinade einreiben. In die mittlere Spalte die gelben Paprikasegmente schieben, in die rechte Spalte die grünen, in die linke die roten füllen. Die Paprika, die übrig bleibt, im Kühlschrank aufheben. Rundherum den Braten mit einem Bindfaden umwickeln.

**5.** Den Backofen auf 180 Grad (Gas Stufe 2) vorheizen. Rost herausnehmen. Einen Bratenschlauch nach Packungsvorschrift zurechtschneiden, den Braten hineinschieben, die Marinade dazugeben. Beide Enden verschließen und den Schlauch auf der Oberseite mehrfach einstechen.

**6.** Auf dem Rost in den Backofen (Mitte) schieben und etwa 1¼ Stunden braten. Dann den Braten in der Folie bei Zimmertemperatur abkühlen lassen.

**7.** Nach etwa 2 Stunden den Bratbeutel öffnen. Den ausgetretenen Bratensaft auffangen und durch ein Sieb geben. Das Fleisch in fingerdicke Scheiben schneiden und auf einer Platte anrichten. Die übriggebliebenen Paprikaschoten getrennt nach Farben in kleine Würfelchen schneiden. Links neben dem Braten die roten, rechts die grünen und vorne und hinten die gelben Würfel verteilen.

**8.** Den Bratensaft mit Balsamessig, Öl und Sojasauce abschmecken, auf dem Braten verteilen. Mit Paprikaschaum und Kartoffeln aufs Buffet setzen.
Den aufgeschnittenen Braten können Sie mit Thymianzweigen verzieren.

# Paprikaschaum

2 Gemüsezwiebeln
2 Knoblauchzehen
1/8 l Hühnerbrühe
2 Teel. Paprikapulver, edelsüß
2 Eßl. Tomatenmark
Salz
Pfeffer, frisch gemahlen
3 rote Paprikaschoten
5–6 Eßl. Balsamessig
200 g süße Sahne

**Raffiniert**

Zubereitungszeit: etwa 45 Minuten

**1.** Die Gemüsezwiebeln und die Knoblauchzehen schälen und in grobe Stücke schneiden.

**2.** Die Hühnerbrühe mit dem Paprikapulver, dem Tomatenmark, den Zwiebel- und Knoblauchstücken, Salz und Pfeffer zum Kochen bringen. Bei schwacher Hitze zugedeckt etwa 20 Minuten garen. Anschließend bei mittlerer Hitze offen die Flüssigkeit verkochen lassen. Abkühlen lassen.

**3.** Die Paprikaschoten waschen, die Stielansätze, die Zwischenwände und die Kerne entfernen. Die Schoten in große Stücke teilen, ins kalte Zwiebelgemüse geben und alles mit dem Pürierstab oder im Mixer fein pürieren.

**4.** Die Sauce durch ein Sieb passieren, damit die rauhen Schalenteile entfernt werden. Danach mit Essig, Salz und Pfeffer würzig abschmecken. Die Sahne steif schlagen und unterziehen. Zum Putenbraten reichen.

• Wenn Sie den Paprikaschaum längere Zeit vorher zubereiten, muß er vor dem Servieren nochmals durchgeschlagen werden: Die Sahne setzt sich ab.

# Rosmarinkartoffeln aus dem Tontopf

2 kg mittelgroße Kartoffeln, festkochend
1 Teel. Rosmarinnadeln
1–2 Teel. grobes Salz
nach Belieben: einige Rosmarinzweige zum Verzieren

**Gelingt leicht**

Zubereitungszeit: etwa 1/4 Stunde (+ 1 Stunde Garen)

**1.** Den Tontopf und -deckel nach Vorschrift in reichlich kaltem Wasser einweichen.

**2.** Die Kartoffeln unter kaltem Wasser gründlich abbürsten und abtropfen lassen.

**3.** Die Kartoffeln in den Tontopf geben, im Topf mit den Rosmarinnadeln und dem Salz mischen. Den Tontopf schließen und in den kalten Backofen (unten) schieben. Den Backofen auf 240 Grad (Gas Stufe 4) heizen und die Kartoffeln darin in etwa 60 Minuten garen. Bis zum Servieren im geschlossenen Topf lassen.

**4.** Kartoffeln auf einer Platte anrichten und nach Belieben mit Rosmarin verzieren.

**Tip**
Wenn Sie den Topf in eine Decke wickeln, bleiben die Kartoffeln darin bis zu 2 Stunden heiß.

# Gemüseplatte

1 Bund kleine Möhren (etwa 350 g)
2 Bund Frühlingszwiebeln
400 g feine grüne Bohnen
400 g Broccoli
1 kleiner Blumenkohl (etwa 500 g)
200 ml Gemüsebrühe (Instant)
½ Teel. Thymian
weißer Pfeffer, frisch gemahlen
1–2 Eßl. Sonnenblumenöl
Salz
1 kleines Glas Weißwein
1 unbehandelte Zitrone
400 g Artischockenherzen (Dose)

**Gut vorzubereiten**

Zubereitungszeit: etwa 2 Stunden

**1.** Das Gemüse getrennt gründlich in kaltem Wasser waschen und abtropfen lassen.

**2.** Von den Möhren die Wurzelenden und das Grün abschneiden, dabei einen kleinen grünen Ansatz stehen lassen. Dickere Möhren der Länge nach halbieren oder vierteln. Von den Frühlingszwiebeln die Wurzel- und die oberen Blattenden abschneiden. Von den Bohnen die beiden Enden abkneifen, dabei die Fäden abziehen. Von dem Broccoli die Röschen samt Stielansatz abtrennen. Die restlichen Stiele in lange Streifen schneiden. Beim Blumenkohl ebenfalls die Röschen abtrennen, den Strunk in große Würfel schneiden.

**3.** Die Bohnen in der Gemüsebrühe mit dem Thymian und dem Pfeffer in etwa 30 Minuten garen.

**4.** Inzwischen in einem großen Gemüsetopf das Öl erhitzen und die Möhren bei mittlerer Hitze rundherum andünsten. Leicht salzen und den Wein hinzufügen. Den Deckel auflegen und bei schwacher Hitze in etwa 30 Minuten garen. Nach 15 Minuten die Frühlingszwiebeln auf die Möhren schichten und mitgaren. Eventuell zwischendurch etwas Wasser dazugeben. Gegartes Gemüse im Sud abkühlen lassen.

**5.** Während die Möhren und die Frühlingszwiebeln garen, den Blumenkohl und den Broccoli in einen Dämpfeinsatz geben. Die Zitrone dünn abschälen, auspressen, den Saft über das Gemüse – vor allem den Blumenkohl – träufeln und alles leicht salzen. Die Zitronenschale ins Dämpfwasser legen, das Gemüse über kochendem Wasser in etwa 20 Minuten garen.

**6.** Die Artischockenherzen abtropfen lassen. Das Gemüse auf einer großen Platte – nach Sorten getrennt – dekorativ anrichten. Dazu gibt es die grüne Sauce.

**Variante:**
Je nach Jahreszeit läßt sich die Platte vielseitig abwandeln. Im Frühling gibt es Spargel, Zuckererbsen und Spinatfrösche, im Herbst kommen Rosenkohl, rote Bete und Pilze dazu.

# Grüne Sauce

6 Eier
je 1 Bund Petersilie, Pimpinelle, Estragon, Schnittlauch
500 g Magerquark
2 Eßl. körniger Senf
Salz
weißer Pfeffer, frisch gemahlen
2–3 Eßl. grünes Traubenkernöl

**Gut vorzubereiten**

Zubereitungszeit: etwa 30 Minuten

**1.** Die Eier in kochendem Wasser in etwa 7 Minuten garen, dann mit kaltem Wasser abschrecken, pellen und völlig erkalten lassen.

**2.** Die Kräuter waschen und trockenschütteln. Die Blättchen von der Petersilie, der Hälfte der Pimpinelle und dem Estragon abzupfen und grob hacken.

**3.** Die Eier, die Kräuter und den Quark in einer Schüssel mit dem Pürierstab fein zerkleinern. Mit dem Senf, Salz, Pfeffer und Öl pikant abschmecken.

**4.** Den Schnittlauch in feine Röllchen schneiden. Die Hälfte unter die Sauce ziehen, Sauce in eine Schale füllen und mit dem übrigen Schnittlauch und der Pimpinelle bestreuen.

# Gefüllte Wassermelone

6 Blatt weiße Gelatine
1 kleine Wassermelone (etwa 1 kg)
500 g gelbfleischige Pfirsiche
2–3 Eßl. Zitronensaft
2 Eßl. Ahornsirup
2 Eßl. Orangenlikör

**Raffiniert**

Zubereitungszeit: etwa 30 Minuten (+ 6 Stunden Gelieren)

**1.** Die Gelatine in kaltem Wasser einweichen.

**2.** Die Melone in der Mitte halbieren. Mit einem scharfkantigen Löffel das kernhaltige Innere auskratzen. Dabei soviel Fruchtfleisch wie möglich stehen lassen. Nach Belieben die Ränder schräg einschneiden. Die Melonenhälften umgedreht austropfen lassen.

**3.** Die Pfirsiche mit kochendem Wasser überbrühen, etwa 4 Minuten ziehen lassen. Dann die Pfirsiche aus dem Wasser heben, schälen und halbieren. Die Steine entfernen und das Fruchtfleisch mit dem Zitronensaft, dem Ahornsirup und dem Orangenlikör pürieren.

**4.** Die Gelatine tropfnaß in einen Topf geben, bei schwacher Hitze auflösen. Löffelweise das Pfirsichmus dazugeben. Dann die Mischung in die ausgehöhlten Melonenhälften füllen, mit Frischhaltefolie abdecken und mindestens 6 Stunden kalt stellen.

**5.** Zum Anrichten in etwa 12 Spalten schneiden und auf Eis setzen.

• Das Aufschneiden erfordert etwas Geschicklichkeit und eine ruhige Hand. Machen Sie es deshalb einige Zeit, bevor die Gäste kommen, und stellen Sie die fertige Platte nochmals kalt.

• Sie können auch mit dem Kugelausstecher einige Melonenkugeln ausstechen und in die Füllung geben.

# Sommergrütze

250 g Himbeeren
250 g Heidelbeeren
6 Nektarinen
3 Eßl. Akazienhonig
2 Eßl. Zitronensaft
¾ l Apfelsaft
70 g Perlgraupen
1 Eßl. Marillengeist
nach Belieben: einige Minzeblätter

**Gelingt leicht**

Zubereitungszeit: etwa 30 Minuten (+ 30 Minuten Ziehen)

**1.** Die Beeren verlesen, mit kaltem Wasser abbrausen und abtropfen lassen. Die Nektarinen waschen, trockenreiben und in schmalen Spalten vom Kern schneiden.

**2.** Die Nektarinenspalten und die Beeren in eine weite Schale füllen, mit dem Honig und dem Zitronensaft beträufeln, zudecken und etwa 30 Minuten Saft ziehen lassen.

**3.** Inzwischen den Apfelsaft in einen Topf geben. Die Graupen und den Marillengeist hinzufügen und alles zum Kochen bringen. Etwa 10 Minuten bei schwacher Hitze zugedeckt köcheln lassen, bis die Graupen durchsichtig sind. Die Grütze abkühlen lassen, bis sie lauwarm ist.

**4.** Das Obst in eine Glasschale schichten, mit dem Graupensaft übergießen, behutsam mischen und kalt stellen. Nach Belieben mit einigen Minzeblättern verzieren.

• Zur Sommergrütze passen Cigarettes Russes und halbsteif geschlagene Sahne.

# Weinfest

Ende September gibt's den ersten Primeur, Neuen Süßen, Sauser, Rauscher oder Federweißer – kurz: den frisch vergorenen »Neuen Wein«. Gleichzeitig haben im September in Weingegenden Weinfeste Hochsaison: Der Keller muß leer werden, um Platz zu schaffen für die neue Ernte! Unser Buffet wird dieser bodenständigen Tradition gerecht: Es gibt raffinierte Gerichte mit ländlich-rustikalem Einschlag. Entsprechend der Jahreszeit bestimmen Nüsse, Äpfel, Zwetschgen und Trauben die Zusammenstellung. Traubenkernöl (am besten das grüne, frischgepreßte) und Räucherspeck geben kräftiges Aroma. Herbstterrine und Schäufele sorgen als Unterlage dafür, daß der Wein nicht so schnell zu Kopfe steigt. Als Aperitif paßt besonders gut ein eisgekühlter Pineau de Charente (eine Mischung aus Cognac und nicht vergorenem Traubenmost). Seine fruchtige Süße harmoniert mit der Terrine und kontrastiert mit den jungen, leichten Weinen, die zum Buffet gereicht werden.

## Das gibt es

- Herbstterrine
- Geschmorte Zwetschgensauce
- Haselnußbrötchen mit Äpfeln
- Schäufele mit Senfsauce
- Sahnegurken
- Feldsalat mit roter Bete
- Bunter Kartoffelsalat
- Marinierte Rotweinäpfel
- Walnuß-Weincreme

## So wird's schneller

- Statt der **Herbstterrine** 500 g streichfähige Leberpastete kaufen, mit 1 Eßl. Madeira cremig rühren und mit den eingelegten Zwetschgenvierteln in eine Form einschichten, mit gehackten Pistazien bestreuen.
- Statt **Zwetschgensauce** zur Terrine fertige Cumberlandsauce reichen. Evtl. mit 1–2 Eßl. Pflaumenmus abschmecken.
- **Haselnußbrötchen** durch gekauftes Walnußbrot und Baguette ersetzen.
- **Schäufele** und **Senfsauce** sind so einfach – kein Problem.
- Die **Sahnegurken** gehen schneller, wenn Sie 500 g abgetropfte Senfgurkenscheiben aus dem Glas in die Marinade einlegen.
- Beim **Feldsalat** vorgeputzte Ware kaufen, rote Bete aus dem Glas nehmen und die Nüsse mit fertig geschnittenen Schinkenresten rösten.
- Statt selbstgemachtem **Kartoffelsalat** ein gutes Fertigprodukt mit einer tiefgefrorenen Zwiebelmischung und Schnittlauchröllchen abschmecken.
- Die **Rotweinäpfel** als Spalten auf einmal im Rotwein kochen – wie ein Kompott.
- Als Blitzversion der **Walnuß-Weincreme** 500 g süße Sahne mit 2 Päckchen Vanillezucker, 2 Eßl. Zucker und Sahnesteif steif schlagen, dabei zuletzt 60 cl Pineau de Charente dazugießen. Die Nüsse unterziehen. Auf der doppelten Menge Feigenviertel anrichten, mit Nüssen bestreuen.

## Das gibt's zu trinken

Beim Weinfest dreht sich alles um die Traube. Entsprechend ist der Aperitif gewählt: Pineau de Charente ist eine edle Mischung aus Cognac und Traubenmost. Die alkoholfreie Alternative ist frischer Traubensaft vor der Gärung (besonders apart: Weißherbst). Auch die Digestifs sind alle auf der Basis von Produkten hergestellt, die bei der Weingewinnung anfallen: entweder Traubensaft oder Trester (Preßrückstände vom Keltern) oder Hefe (Rückstand der Gärung). Gibt es keine neuen Weine, sollten Sie für dieses Buffet etwas lieblichere, volle Weine auswählen – am besten Rosé oder Rotweine. Und natürlich den frischen Traubensaft und viel Mineralwasser – wegen der Süße.

**• Als Aperitif:**
Pineau de Charente oder frisch gepreßter Traubensaft mit Zitronensaft und Mineralwasser.

• **Zum Essen:**
Neuer Wein (rot oder weiß)
oder
Rosé (Weißherbst, Rosé d'Anjou)
Rotwein (Beaujolais, Spätburgunder)
Säfte (neuer, unvergorener Traubensaft)
Mineralwasser
• **Zum Kaffee:**
Cognac, Grappa, Trester- oder Hefeschnaps.

## Deko-Ideen

• Lachsfarben und Pastellgrün harmonieren am besten mit den bräunlich-dunkel-rosaroten und grünen Tönen des Buffets und geben am besten die Stimmung der letzten Sommertage wieder. Damit diese Farben dem Buffet ein nicht zu feierliches Gepräge geben, können Sie grobstrukturierte Tischwäsche wählen. Tonschalen und -leuchter ergänzen das gut. Ideal: Weinkühler aus Ton!
• Das Motto ist klar: Es geht um die Rebe. Entsprechend sind Weinblätter und Trauben die ideale Dekoration für die Tafel. Zusammen mit Wal- und Haselnüssen in der Schale lassen sie sich zu wunderhübschen Arrangements legen. Auch die Einladung können Sie auf eine Karte in Blattform schreiben – oder als Flaschenpost persönlich an den Mann – oder die Frau – bringen.

*Mit Birnen, Granatäpfeln, Nüssen und Trauben läßt sich eine Schale im Herbst dekorativ füllen. So haben Sie Dekoration und Obstkorb in einem.*

## Zeitplan

1 Woche vorher:
- Geschmorte Zwetschgensauce zubereiten und einfrieren.
- Haselnußbrötchen herstellen und einfrieren.
- Getränke – außer dem »Neuen Wein« – besorgen.

3 Tage vorher:
- Herbstterrine zubereiten.
- Schäufele beim Metzger bestellen.
- Marinierte Rotweinäpfel herstellen.

Am Vortag:
- Die Walnuß-Weincreme herstellen bis Schritt **5**.
- Die Kartoffeln für den Salat kochen.
- Das Schäufele zubereiten.
- Die Zwetschgensauce und die Haselnußbrötchen zum Auftauen aus dem Gefrierfach nehmen.
- Den »Neuen Wein« besorgen und mit den übrigen Getränken kalt stellen.

Am Tag selber:
- Das Schäufele auslösen und aufschneiden.
- Die Senfsauce anrühren.
- Die Sahnegurken zubereiten – aber noch ohne Sahne.
- Den Kartoffelsalat mit dem Dressing mischen.
- Den Feldsalat zubereiten – Dressing extra.
- Die Walnuß-Weincreme stürzen.

1–2 Stunden vor Festbeginn:
- Gurken mit Sahne anrichten, Feldsalat mit Dressing mischen und anrichten, Kartoffelsalat anrichten.
- Walnuß-Weincreme mit Schlagsahne und Feigen garnieren, Äpfel anrichten.
- Haselnußbrötchen aufbacken, Schäufele erwärmen.
- Das Buffet auffüllen und mit Frischhaltefolie bedecken.

## So verändern Sie die Mengen

(Rezeptangaben bitte mit den Tabellenwerten multiplizieren)

| Zutaten für | 8 | 16 | 20 | 25 | 30 Pers. |
|---|---|---|---|---|---|
| Herbstterrine | 2/3 | 1 | 1 | 1 1/2 | 1 3/4 |
| Geschmorte Zwetschgensauce | 1/2 | 1 | 1 | 1 1/2 | 1 1/2 |
| Haselnußbrötchen | – | a | b | c | d |
| Schäufele mit Senfsauce | – | 1 1/2 | 1 1/2 | 2 | 1 1/2 |
| Sahnegurken | – | 1 | 2 | 1 1/2 | 2 |
| Feldsalat mit roter Bete | 3/4 | 1 | 1 2/3 | 1 2/3 | 2 |
| Bunter Kartoffelsalat | 1 | 1 1/2 | 1 1/2 | 2 | 1 1/2 |
| Marinierte Rotweinäpfel | 2/3 | 1 1/2 | 1 2/3 | 2 | 2 1/2 |
| Walnuß-Weincreme | – | 1 | 1 1/2 | 1 1/2 | 1 3/4 |

[a]) Durch 2–3 Walnuß-Baguettes ersetzen [b]) Durch 3 Walnuß-Baguettes ersetzen
[c]) Durch 4 Walnuß-Baguettes ersetzen [d]) Durch 5 Walnuß-Baguettes ersetzen

# Herbstterrine

130 g eßfertige Trockenpflaumen
11 Eßl. Madeira
200 g Kalbsleber
300 g Kassler
75 g grüner Speck
75 g durchwachsener Speck
3 Scheiben Toastbrot
100 g süße Sahne
4 Lorbeerblätter
1 Bund Thymian
1 Eßl. gehackter Majoran
weißer Pfeffer, grob gemahlen
3–4 Eßl. Pinienkerne
3–4 Eßl. gehackte Pistazien
2 Eier
Salz
1 Teel. Öl
2 Blatt weiße Gelatine
150 ml Schäufele-Brühe, ersatzweise Fleischbrühe
3–5 Eßl. Sojasauce
nach Belieben: einige Majoranblättchen

**Gut vorzubereiten**

Zubereitungszeit: etwa 1 Stunde 20 Minuten (+ 1 Stunde Garen + 24 Stunden Ziehen)

**1.** Die Pflaumen der Länge nach vierteln, mit 6 Eßlöffel Madeira beträufeln und etwa 30 Minuten ziehen lassen.

**2.** Die Leber, das Kassler, den grünen Speck und den durchwachsenen Speck am besten schon vom Fleischer durch den Fleischwolf drehen lassen. Oder grob zerkleinern und zu Hause durch die mittlere Scheibe des Fleischwolfes drehen.

**3.** Den Toast grob zerzupfen und in der Sahne einweichen. Mit der Fleischmasse mischen, portionsweise nochmals im Blitzhacker sehr fein pürieren. 1 Lorbeerblatt zwischen den Fingerspitzen zerbröseln. Die Blättchen von 6 Thymianzweigen abstreifen. Die Lorbeerbrösel, die Thymianblättchen, den Majoran und den Pfeffer beim Pürieren hinzufügen.

**4.** Die Pinienkerne in einer Pfanne ohne Fett bei mittlerer Hitze so lange rösten, bis sie duften.

**5.** Den Backofen auf 175 Grad (Gas Stufe 2) vorheizen. Die Fettpfanne in die 2. Einschubleiste von unten schieben und gut 2 l Wasser einfüllen.

**6.** Die Fleischfarce mit dem Großteil der Pinienkerne, den Pistazien, den Pflaumen und den Eiern vermengen, mit Salz und Pfeffer kräftig abschmekken. (Zur Kontrolle eventuell in der Mikrowelle oder in kochendem Wasser ein Klößchen vorgaren und dann probieren.) Die Masse in eine Terrinenform (Inhalt mindestens 1,5 l) mit Deckel streichen. Mehrfach fest auf die Arbeitsplatte aufstoßen, damit sich keine Luftblasen bilden. Den Deckel mit Öl einfetten und auflegen.

**7.** Die Fleischterrine in das Wasser setzen und in etwa 1 Stunde garen. Abkühlen lassen und kalt stellen.

**8.** Die Gelatine in kaltem Wasser einweichen. Die Schäufele-Brühe durch ein Sieb gießen und erwärmen, die Gelatine darin auflösen. Nach und nach 5 Eßlöffel Madeira hinzufügen. Mit der Sojasauce würzig abschmecken.

**9.** Einige Thymianzweige waschen, trockentupfen und dekorativ auf die Terrine legen. 3 Lorbeerblätter und die übrigen Pinienkerne ebenfalls auf die Terrine legen. Nach Belieben einige Majoranblättchen verteilen. Mit der Gelatine-Fleischbrühe einen Spiegel auf die Terrine gießen. Den Spiegel fest werden lassen.

**10.** Zur Terrine gehören die Haselnußbrötchen und die geschmorte Zwetschgensauce.

• Die Terrine muß mindestens 24 Stunden ziehen, um ihr Aroma zu entfalten. Sie kann schon 3 Tage zuvor hergestellt werden, wenn sie im Kühlschrank aufbewahrt wird.

• Wenn Sie keine Terrinenform haben, nehmen Sie eine möglichst kleine, hohe Auflaufform und decken sie mit Alufolie – blanke Seite nach außen – ab.

• Sie können die Terrine auch auf dünne Baguettescheiben streichen, mit einem Klecks Sauce garnieren und zum Aperitif reichen.

# Geschmorte Zwetschgensauce

1 Zwiebel
350 g Zwetschgen
1 Eßl. Öl
50 cl schwarzer Johannisbeersaft
Salz
schwarzer Pfeffer, frisch gemahlen
1–2 Eßl. scharfer Senf
Muskatnuß, frisch gerieben
2–3 Teel. Worcestersauce

**Raffiniert • Gut vorzubereiten**

Zubereitungszeit: etwa 40 Minuten

**1.** Die Zwiebel schälen, halbieren und in kleine Würfel schneiden. Die Zwetschgen waschen, vierteln und dabei entsteinen.

**2.** Die Zwiebel im Öl bei mittlerer Hitze glasig dünsten. Die Zwetschgen dazugeben. Mit dem Johannisbeersaft angießen, leicht salzen und bei geschlossenem Deckel etwa 10 Minuten garen, bis die Zwetschgen weich sind. Abkühlen lassen.

**3.** Mit dem Pürierstab kurz pürieren. Die Sauce mit Pfeffer, Senf, Muskatnuß und der Worcestersauce pikant abschmecken und zur Terrine reichen.

• Die Sauce läßt sich 3 Tage zuvor kochen und hält sich im Kühlschrank gut. Wer länger vorplant, kann sie auch einfrieren.

PINEAU

# Haselnußbrötchen mit Äpfeln

350 g Weizenmehl (Type 405) + Mehl für das Blech
250 g Weizenvollkornmehl
1 Würfel Hefe (42 g)
½ Teel. Zucker
100 ml lauwarme Milch + 5 Eßl. Milch zum Bestreichen
250 g säuerliche Äpfel (z. B. Boskop)
Saft von ½ Zitrone
250 g Quark (20 % Fett)
100 g Butter oder Margarine + Fett für das Blech
2 Eier
2 Teel. Salz
100 g gehackte Haselnüsse
20 Haselnußkerne

**Gut vorzubereiten**

Zubereitungszeit: etwa 30 Minuten (+ 1 Stunde Gehen + 50 Minuten Backen)

**1.** Beide Mehlsorten in eine Schüssel geben und in die Mitte eine Mulde drücken. Die Hefe in die Mitte bröseln und mit dem Zucker bestreuen. Die Milch etwas erwärmen und alles zu einem Teig verrühren. Diesen abgedeckt an einem warmen Ort (Backofen auf 50 Grad) etwa 20 Minuten zum Vorteig gehen lassen.

**2.** Inzwischen alle Zutaten aus dem Kühlschrank nehmen. Die Äpfel waschen, schälen, vom Kerngehäuse befreien und grob raspeln. Die Raspel mit dem Zitronensaft beträufeln.

**3.** Den Quark, das Fett, die Eier, das Salz, die Nüsse und die Apfelraspel zum Vorteig geben und alles sehr gut durchkneten. Den Teig zugedeckt an einem warmen Ort etwa 20 Minuten gehen lassen. Ein Backblech einfetten und mit Mehl bestäuben.

**4.** Aus dem Teig etwa 20 kleine Brötchen formen und diese auf das Backblech setzen. Nochmals 15 Minuten gehen lassen. Inzwischen den Backofen auf 200 Grad (Gas Stufe 3) vorheizen. Eine feuerfeste Form mit Wasser füllen und auf den Backofenboden setzen.

**5.** Die Brötchen mit einem scharfen Messer über Kreuz einschneiden, in die Mitte eine Haselnuß setzen und leicht andrücken. 5 Eßlöffel Milch mit 50 ml Wasser vermischen und die Brötchen damit bepinseln, im vorgeheizten Backofen auf der mittleren Schiene in etwa 50 Minuten goldbraun backen. Zwischendurch zweimal bepinseln. Die Brötchen aus dem Backofen holen, sofort mit Wasser bestreichen und abkühlen lassen.

• Die Brötchen können am Vortag gebacken werden und dann mit dem Schäufele im Ofen leicht erwärmt werden. Sie lassen sich auch gut einfrieren.

• Wer eilig ist, kann den Teig auch in einer Kastenform backen (etwa 1½ Stunden) und als Brot reichen.

# Schäufele mit Senfsauce

3 Zwiebeln
1 Bund Suppengemüse (Möhre, Lauch, Sellerie)
2,5 kg Schäufele (beim Metzger vorbestellen), ersatzweise 2 kg Kassler
2 Lorbeerblätter
1 Gewürznelke
4 Pimentkörner
6 schwarze Pfefferkörner
2 Eßl. Zitronensaft
100 g scharfer Senf
100 g süße Sahne

**Gut vorzubereiten • Gelingt leicht**

Zubereitungszeit: etwa 2 Stunden (davon 1½ Stunden Garen)

**1.** Die Zwiebeln schälen und vierteln. Das Suppengemüse waschen, putzen und grob zerkleinern.

**2.** Das Schäufele mit dem Gemüse, den Lorbeerblättern, der Nelke, den Piment- und Pfefferkörnern und dem Zitronensaft in einen großen Topf geben und so viel Wasser dazugießen, daß das Fleisch gerade bedeckt ist.

**3.** Das Wasser zum Kochen bringen und das Schäufele bei schwacher Hitze in etwa 1½ Stunden garziehen lassen. Das Schäufele aus der Brühe nehmen und kalt werden lassen. Die Brühe beiseite stellen. Den Schulterknochen auslösen, dabei das Fleischstück in der Mitte halbieren. Jede Hälfte in etwa 1 cm dicke Scheiben schneiden.

**4.** Den Senf mit der Sahne glattrühren und mit der Schäufelebrühe abrunden, zum Schäufele reichen.

• Das Schäufele ist das Schulterstück vom Jungschwein. Es ergibt gepökelt und geräuchert ein besonders saftiges, zartes Stück Fleisch. Sie bekommen es aber fast ausschließlich in Süddeutschland. Auf Bestellung kann es jeder Metzger liefern, der noch selber pökelt und räuchert. Eine Alternative ist Kassler oder frischer gekochter Schweineschinken.

• An kühlen Abenden kann man das aufgeschnittene Schäufele im Backofen gut abgedeckt bei etwa 100 Grad in 30 Minuten erwärmen. Stellen Sie es für's Buffet auf einen Rechaud oder eine Warmhalteplatte.

## Sahnegurken

1 kg Gemüsegurken oder große Einmachgurken
2 Eßl. Öl
Salz
weißer Pfeffer, frisch gemahlen
1 Bund Dill
200 g saure Sahne (10 % Fett)
2 Eßl. Sonnenblumenkerne

**Gelingt leicht**

Zubereitungszeit: etwa 1 Stunde

**1.** Die Gurken waschen und schälen. Der Länge nach halbieren und die harten Kerne im Inneren mit einem scharfen Löffel herauskratzen. Das Innere in einem Sieb abtropfen lassen und den Saft auffangen. Die Gurkenhälften der Länge nach in etwa 1 cm dicke Streifen schneiden.

**2.** Das Öl erhitzen, die Gurken darin bei mittlerer Hitze andünsten, mit Salz und Pfeffer würzen. Den Gurkensaft dazugeben und bei geschlossenem Deckel etwa 15 Minuten dünsten. Die Gurken im Sud völlig auskühlen lassen, dann abgießen.

**3.** In der Zwischenzeit den Dill waschen, trockentupfen und die Blättchen von den Stengeln zupfen. Einige hübsche Spitzen zum Garnieren beiseite legen, die übrigen hacken. Die saure Sahne und den Dill mischen, mit Salz, Pfeffer und etwas Gurkensud pikant abschmecken und über dem Gurkengemüse verteilen.

**4.** Die Sonnenblumenkerne in einer Pfanne ohne Fett rösten, bis sie duften, auf einem Teller abkühlen lassen. Die Sonnenblumenkerne über die Gurken streuen und alles mit Dillspitzen garnieren.

• Gemüsegurken haben ein festeres Fruchtfleisch als Salatgurken. Am häufigsten gibt es sie auf Wochenmärkten zu kaufen. Wenn Sie sie nicht bekommen, können Sie zur Not auch Salatgurken nehmen; diese dürfen Sie aber dann nur 5 Minuten dünsten.

• Sie können die Gurken zum Schäufele geben oder extra auf einer Schale anrichten. Wenn die Gurken länger stehen, ist letztere Möglichkeit günstiger, denn sie ziehen noch Wasser.

# Feldsalat mit roter Bete

500 g rote Bete
2 Eßl. Öl
Salz
1 Prise Zucker
schwarzer Pfeffer, frisch gemahlen
100 ml Apfelsaft
50 g Frühstücksspeck
100 g Walnußkerne
300 g Feldsalat (ersatzweise Spinat)
2 rote Zwiebeln
2–3 Eßl. Obstessig
1 Teel. milder Senf
4 Eßl. grünes Traubenkernöl
2 Eßl. süße Sahne

**Raffiniert • Braucht etwas Zeit**

Zubereitungszeit: etwa 1 Stunde

**1.** Die roten Beten waschen, schälen und in kleine Würfel schneiden. (Vorsicht: der Saft färbt stark!) Die Würfel in Öl bei mittlerer Hitze andünsten, mit dem Salz, dem Zucker und dem Pfeffer würzen und mit dem Apfelsaft ablöschen. Bei schwacher Hitze in etwa 10 Minuten garen, dann abkühlen lassen.

**2.** Die Speckscheiben quer in Streifen schneiden, in einer Pfanne bei mittlerer Hitze auslassen. Die Walnüsse sehr grob hacken und hinzufügen. Beides in etwa 3 Minuten knusprig braten, auf Küchenpapier verteilen und abkühlen lassen.

**3.** Den Feldsalat putzen und gründlich waschen, mit der Salatschleuder trockenschleudern. Die Zwiebeln schälen, halbieren und in feine Ringe hobeln.

**4.** Die roten Beten, den Feldsalat und die Zwiebeln locker vermischen. Den Obstessig mit dem Senf, Salz, Pfeffer, dem Traubenkernöl und der Sahne in einem Schüttelbecher gut mischen. Erst kurz vor Beginn des Buffets unter den Salat ziehen und diesen nochmals abschmecken.

**5.** Den Knusperspeck mit den Nüssen auf den Salat streuen.

• Die rote Bete läßt sich schon am Vortag garen. Auch Speck und Nüsse können Sie vorher rösten. Gemischt bleibt der Salat 2–3 Stunden frisch. Nur das Dressing darf erst kurz zuvor untergezogen werden.

• Wer eilig ist, kann rote Bete aus dem Glas nehmen. Lassen Sie sie etwa 4 Stunden in Apfelsaft ziehen, damit sie milder wird.

# Bunter Kartoffelsalat

1,5 kg Kartoffeln, festkochend
Salz
6 Eßl. körniger Senf
½ l Schäufelebrühe oder kräftige Gemüsebrühe
7 Eßl. Kräuteressig
10 Eßl. Traubenkernöl
schwarzer Pfeffer, frisch gemahlen
3 rote Zwiebeln
2 Bund Schnittlauch
350 g Radicchio

**Apart**

Zubereitungszeit: etwa 1 Stunde (+ 6 Stunden Kühlen + 1–2 Stunden Ziehen)

**1.** Die Kartoffeln am besten am Vortag waschen und in wenig Wasser mit Salz in etwa 30 Minuten garkochen. Kurz ausdampfen lassen und dann pellen. Mindestens 6 Stunden kalt stellen.

**2.** Den Senf, die Brühe, den Essig, das Öl, den Pfeffer und etwas Salz verrühren. Die Kartoffeln in dünnen Scheiben in diese Marinade schneiden. 1–2 Stunden ziehen lassen.

**3.** Die Zwiebeln schälen und in sehr feine Würfel schneiden. Den Schnittlauch waschen, trockentupfen und in Röllchen schneiden. 5–6 große Radicchioblätter waschen, trockenschleudern und eine Schüssel damit auslegen. Die Radicchioköpfe vierteln, die weißen Strunke entfernen und die Viertel in etwa 1,5 cm breite Streifen schneiden. Den Radicchio waschen und trockenschleudern.

**4.** Den Kartoffelsalat abschmecken. Wenn nötig, noch etwas Brühe dazugeben. Zum Schluß behutsam die Zwiebeln, den Großteil vom Schnittlauch und den Radicchio hinzufügen. Den Salat auf die Radicchioblätter geben, den übrigen Schnittlauch darüber streuen.

• In Baden werden die warmen Kartoffeln bereits in das Dressing geschnitten – sie zerfallen dabei. Diese Version ist etwas für Kurzentschlossene!

# Marinierte Rotweinäpfel

12 kleine Goldparmänen, ersatzweise kleine Cox-Orange (je 50–60 g)
¾ l Beaujolais
100 g Zucker
2 Zimtstangen
1 Gewürznelke
2 cl Calvados

**Gut vorzubereiten • Gelingt leicht**

Zubereitungszeit: etwa 50 Minuten

**1.** Die Hälfte der Äpfel mit einem Sparschäler glatt abschälen. Dabei die Stiele an den Äpfeln lassen. Einen Topf auswählen, in dem alle 6 Äpfel gerade nebeneinander stehen können.

**2.** Den Rotwein in den Topf gießen, den Zucker, die Zimtstangen, die Nelke und den Calvados hinzufügen und aufkochen lassen, bis sich der Zucker gelöst hat.

**3.** Die Äpfel in den Sirup setzen und etwa 15 Minuten bei schwacher Hitze zugedeckt garziehen lassen.

**4.** Inzwischen die übrigen 6 Äpfel schälen. Wenn die ersten Äpfel gar sind, mit einem Schaumlöffel aus dem Topf heben und in eine flache Schale setzen.

**5.** Die restlichen Äpfel ebenfalls im Rotwein gar dünsten. Dann ebenfalls herausheben und zu den anderen Äpfeln in die Schüssel setzen.

**6.** Den Rotwein bei starker Hitze offen in etwa 15 Min. zu einem leichten Sirup einkochen lassen. Den Sirup über die Äpfel gießen und kalt stellen. Äpfel 1–2mal wenden und im Sirup auf's Buffet stellen.

• Der Rotwein muß einen hohen Gerbsäuregehalt und eine sattrote Farbe haben, damit die Äpfel wirklich rötlich werden. Notfalls können Sie mit einem Schuß Rote-Bete-Saft nachhelfen!

• Je länger die Äpfel ziehen, desto besser. Sie können sie 2 Tage vorher zubereiten und im Kühlschrank aufbewahren, dabei ab und zu drehen. Eiskalt schmecken sie am besten.

# Walnuß-Weincreme

120 g Walnußkerne
6 Eier
100 g Zucker
½ l Weißwein (z. B. Gewürztraminer)
⅛ l weißer Traubensaft
8 Blatt weiße Gelatine
400 g süße Sahne
2 Päckchen Vanillezucker
4–6 kleine Feigen

**Festlich**

Zubereitungszeit: etwa 1 Stunde (+ 12 Stunden Gelieren)

**1.** Die Walnüsse in einer beschichteten Pfanne ohne Fett rösten, bis sie beginnen zu duften. Nach Belieben 2 Eßlöffel hacken und als Garnitur beiseite legen. Die übrigen Nüsse mahlen.

**2.** Die Eier mit dem Zucker so lange schlagen, bis die Mischung hellgelb ist. Dann nach und nach den Wein und den Traubensaft dazugeben. Die Gelatine in kaltem Wasser einweichen.

**3.** In der Spüle ein kaltes Wasserbad vorbereiten. Die Wein-Eier-Masse in einen Topf geben. Unter ständigem Rühren mit dem Schneebesen oder dem Handrührgerät bis kurz vor den Kochpunkt erhitzen. Einmal aufwallen lassen, vom Herd ziehen und ins kalte Wasserbad stellen, weiterschlagen.

**4.** Die Gelatine tropfnaß dazugeben und die Creme weiterschlagen, bis sie kühler geworden ist. Die gemahlenen Nüsse unterziehen und die Creme in den Kühlschrank stellen.

**5.** Inzwischen 200 g Sahne mit einem Päckchen Vanillezucker steif schlagen. Wenn die gekühlte Creme am Rand beginnt zu gelieren, die Sahne unterziehen und die Creme in die Ringform füllen. Im Kühlschrank über Nacht ganz fest werden lassen.

**6.** Etwa 1 Stunde vor dem Anrichten auf eine Platte stürzen. Die übrige Sahne mit dem restlichen Vanillezucker halbsteif schlagen, über den Ring gießen und nach Belieben mit den gehackten Walnüssen bestreuen. Die Feigen waschen, in Viertel teilen und in oder um den Kranz anrichten.

• Das kalte Wasserbad ist besonders wichtig, denn die aufgekochte Creme gerinnt im heißen Topf leicht.

• Wenn Sie die Nüsse weglassen und nur 4 Blatt Gelatine nehmen, haben Sie eine ganz normale Weincreme.

# Vegetarisches Buffet

Dieses Buffet gehört in den Herbst: Nie ist die Auswahl an Gemüse, Kräutern und Nüssen so groß wie in dieser Jahreszeit. So wird auch kein Gast das Fleisch bei diesem Buffet vermissen. Der Erntedank hat die Rezepte beeinflußt: Sie sind bodenständig und großzügig. Mit der Salatpalette ist auch die gesunde Seite vertreten, die gefüllte Riesenzucchini bildet das Kernstück des Buffets. Die Kürbiscremesuppe mit verschiedenen Einlagen ist ausgesprochen herbstlich und wärmt. Die Pastete, die Auberginenröllchen, die Pilze und der Flammekueche bilden würzige Kontraste. Wer diese bunte Zusammenstellung mit Fleisch kombinieren möchte, kann das Schäufele vom Weinfest anstelle der Zucchini zubereiten. In beiden Desserts spielen zwei typische Obstsorten des Herbstes die Hauptrolle: Preiselbeeren und Zwetschgen.
Als Aperitif paßt zu den herbstlichen Genüssen ein schlichter Sherry – am besten in zwei Geschmacksrichtungen: amontillado (medium) und fino (dry). Zum Essen können Sie entweder Bier anbieten (es passen auch Spezialitäten wie Weizenbier oder Alt) oder einen Beaujolais.

## Das gibt es

- Kürbiscremesuppe
- Salatpalette
- Nuß-Vinaigrette
- Leichtes Kräuterdressing
- Pastete à la grecque
- Auberginenröllchen mit Polenta
- Backpilze
- Gefüllte Riesenzucchini
- Flammekueche mit Nüssen
- Preiselbeer-Götterspeise
- Portwein-Zwetschgen mit Zimtcreme

## So wird's schneller

- Die **Kürbiscremesuppe** ist ausgesprochen einfach, und das Mark läßt sich schon Wochen vorher zubereiten und einfrieren. Streichen Sie die Einlagen, und stellen Sie nur Kürbiskerne und Parmesan neben die Terrine.
- Die **Salatplatte** wird einfacher, wenn Sie den Feldsalat und die Nuß-Vinaigrette weglassen und dafür die Menge vom Kräuterdressing verdoppeln. Zusätzlich Zeit sparen Sie, wenn Sie fertig geputzten Salat aus der Salatbar in großen Kaufhäusern nehmen.
- Die **Pastete** wird mit tiefgefrorenem Blattspinat (ca. 400 g) schneller – sie läßt sich außerdem einfrieren. Sie können auch versuchen, diese Spezialität in einem türkischen oder griechischen Restaurant zu bekommen.
- Die **Auberginenröllchen** kosten viel Zeit. Entweder Sie bereiten nur die gegrillten Auberginenscheiben zu und lassen sie mit 1–2 Teelöffeln Zitronensaft durchziehen. Oder aber Sie streichen die Röllchen ganz und ersetzen sie durch eine Schale eingelegter Oliven.
- Die **Backpilze** sind schnell und einfach: kein Problem.
- Die **Riesenzucchini** wird schneller, wenn Sie den Reis extra kochen, Mais aus der Dose nehmen, statt den Quitten getrocknete Aprikosen verwenden, beides zusammen garen und mit den anderen Zutaten und dem Reis vermischen.
- Der **Flammekueche** läßt sich gut vorbereiten und einfrieren, kostet aber Zeit. Entweder Sie greifen zu tiefgefrorenem Flammekueche oder Sie reichen statt dessen türkisches Pita-Brot.
- Die **Preiselbeer-Götterspeise** mit fertigem Preiselbeerkompott oder Preiselbeerkonfitüre mit etwas schwarzem Johannisbeersaft verdünnt zubereiten.
- Entweder **Portwein-Zwetschgen mit Zimtcreme** durch einen herbstlichen Obstkorb ersetzen oder nur die Zwetschgen zubereiten und dazu Vanilleeiscreme und Zimt mit dem Pürierstab cremig rühren.

## Das gibt's zu trinken

Die kräftigen Herbstgenüsse erlauben einen etwas gehaltvolleren, unkomplizierten Aperitif – eben die zwei Sorten Sherry. Die sehr aparte alkoholfreie Alternative: Quittensaft auf Eis; auch frisch gepreßten Apfelsaft können Sie anbieten. Danach kann es Bier geben – durchaus das etwas herbe, aromatische Alt. Wer's etwas eleganter mag, bietet am besten Rotwein an – Beaujolais oder einen deutschen Barrique-Rotwein. Wenn Sie außerdem Weißwein reichen wollen, wählen Sie einen nicht zu trockenen Silvaner. Auch hier ist die alkoholfreie Alternative: Mineralwasser und frisch gepreßte Säfte der Saison. Zum Schluß gibt es Fruchtliköre (Kirsch oder Cassis), Aufgesetzte oder Fruchtbrände.

- **Als Aperitif:**

Sherry fino und amontillado
Quittensaft oder frisch gepreßter Apfelsaft

- **Zum Essen:**

Bier, auch Altbier
Rotwein mit Gerbsäuregehalt, z. B. Beaujolais und deutsche Barriqueweine
Silvaner
Mineralwasser, Säfte

- **Zum Kaffee:**

Fruchtlikör (Kirsch, Cassis)
Aufgesetzter
Fruchtbrände

## Deko-Ideen

- Das Buffet steht ganz im Zeichen des Erntedank. Wählen Sie als Grundfarbe ein kontrastreiches, dunkles Grün oder eher Ton in Ton ein sattes Gelb. Der Stoff kann etwas derber sein. Sie können sogar Packpapier in der entsprechenden Farbe wählen und mit rustikalen, rauhen oder plissierten Bändern verzieren. Zur Dekoration eignet sich vor allem Gemüse: Zierkürbisse gibt es im Herbst in allen Formen und Farben. Aus verschiedenen Gemüsesorten lassen sich regelrechte Sträuße und Gestecke fabrizieren – holen Sie sich Anregungen im Blumengeschäft. Besonders dekorativ: Broccoli, Mais in der Hülse, Möhren oder Radieschen. Und natürlich Getreideähren.
- Als Einladung eignen sich »Gemüsekarten«: Schneiden Sie aus buntem Karton in passender Farbe Doppelkarten in Form von besonders prägnantem Gemüse wie Tomaten, Kürbis, Gurke, Möhre. Oder suchen Sie Einpackpapier, das mit grafischem Gemüsemuster bedruckt ist: Dieses Papier dann auf die Einladungskarten aufziehen. Werden die Einladungen persönlich überreicht, können Sie sie mit Naturalien kombinieren: als Schleife um eine Bundmöhre, in ein Kohlblatt gewickelt...

*Dieser Dekohit erfordert etwas Mühe, die sich aber lohnt: Höhlen Sie Kürbisse aus, schnitzen Sie Gesichter hinein und stellen Sie ein Teelicht in die ausgehöhlten Früchte.*

## Zeitplan

| | |
|---|---|
| 1 Woche vorher: | • Kürbiscremesuppe zubereiten und einfrieren.<br>• Pastete zubereiten und einfrieren.<br>• Flammekueche backen und einfrieren.<br>• Getränke besorgen. |
| 2 Tage vorher: | • Nuß-Vinaigrette zubereiten.<br>• Portwein-Zwetschgen kochen. |
| Am Vortag: | • Zimtcreme zubereiten.<br>• Preiselbeer-Götterspeise einschichten.<br>• Auberginenröllchen herstellen.<br>• Pilzfüllung vorbereiten.<br>• Pastete und Kürbissuppe auftauen<br>• Kräuterdressing zubereiten. |
| Am Tag selber: | • Zutaten für die Salatpalette herrichten.<br>• Pilze füllen.<br>• Zucchini füllen. |
| 1–2 Stunden vor Festbeginn: | • Platten anrichten und bis zum Eintreffen der Gäste abdecken.<br>• Pilze backen.<br>• Zucchini garen.<br>• Flammekueche tiefgefroren aufbacken.<br>• Auberginenröllchen frisch übergrillen.<br>• Kürbiscremesuppe erhitzen.<br>• Portwein-Zwetschgen mit Zimtcreme fertigstellen. |

## So verändern Sie die Mengen

(Rezeptangaben bitte mit den Tabellenwerten multiplizieren)

| Zutaten für | 8 | 16 | 20 | 25 | 30 Pers. |
|---|---|---|---|---|---|
| Kürbiscremesuppe | ¾ | 1 | 1½ | 1½ | 2 |
| Salatpalette | ¾ | 1½ | 2 | 2 | 2 |
| Nuß-Vinaigrette | – | 1½ | 1½ | 1½ | 1½ |
| Leichtes Kräuterdressing | 1 | 1 | 1½ | 2 | 2 |
| Pastete à la grecque | – | 1 | 1 | 1 | 1½[b] |
| Auberginenröllchen | – | 1½ | 1½ | 1½ | 2[c] |
| Backpilze | ½ | 1 | 1¼ | 2 | 2 |
| Gefüllte Riesenzucchini | – | 1 | 1½[a] | 1½[a] | 2 |
| Flammekueche | 1 | 1½ | 1½ | 2 | 2 |
| Preiselbeer-Götterspeise | 1 | 1 | 1½ | 2 | 2 |
| Portwein-Zwetschgen | – | 1 | 1⅓ | 1⅓ | 2 |

[a] Auf 3 große Zucchini verteilen [b] In großer Reine backen [c] Geschichtet backen

## Kürbiscremesuppe

1 gelber Gemüsekürbis (etwa 2,5 kg Fruchtfleisch)
2 Gemüsezwiebeln
2 Knoblauchzehen
50 g Butter oder Margarine
Salz
1 Msp. weißer Pfeffer, frisch gemahlen
1 Teel. Paprikapulver, edelsüß
1 Msp. Muskatnuß, frisch gerieben
¼ l Gemüsebrühe
4 cl Sherry medium
200 g süße Sahne
2–3 Eßl. Worcestersauce
2–3 Eßl. Sojasauce
Für die Einlagen:
100 g grüne Kürbiskerne
300 g Zwiebeln
½ Teel. Stärkepulver
2 Eßl. Kürbiskernöl
2 Scheiben Pumpernickel
2 Eßl. Butter
200 g Kirschtomaten
6 Eßl. Parmesan, frisch gerieben

**Dekorativ • Gelingt leicht**

Zubereitungszeit: etwa 1½ Stunden

**1.** Vom Kürbis einen Deckel abschneiden. Zunächst die Kerne und Fäden aus dem Inneren lösen und entfernen. Dann mit einem scharfkantigen Löffel nach und nach das Fruchtfleisch von der Kürbisschale lösen, ohne sie zu verletzen. Den Kürbis anschließend innen und außen gründlich abwaschen und zum Trocknen auf den Kopf stellen.

**2.** Die Gemüsezwiebeln und den Knoblauch schälen und fein würfeln. Das Fett in einem großen Topf zerlassen, Zwiebeln und Knoblauch darin bei mittlerer Hitze glasig dünsten. Die Kürbisstückchen dazugeben, mit Salz, Pfeffer, Paprikapulver und Muskatnuß würzen, die Gemüsebrühe angießen und alles etwa 20 Minuten dünsten.

**3.** Mit dem Pürierstab die Suppe sehr fein pürieren. Mit dem Sherry, der Sahne, der Worcestersauce und der Sojasauce abschmecken.

**4.** Die Kürbiskerne bei mittlerer Hitze in einer beschichteten Pfanne ohne Fett rösten, bis sie duften, in ein Schälchen füllen. Die Zwiebeln schälen, halbieren und in feine Ringe schneiden. Mit der Stärke überstäuben und im heißen Öl bei starker Hitze unter ständigem Rühren knusprig braun braten, ebenfalls in eine Schale füllen.

**5.** Die Pumpernickelscheiben in kleine Würfel schneiden, in der heißen Butter rundherum knusprig rösten, in ein drittes Schälchen füllen. Die Tomaten putzen, waschen und halbieren, ebenfalls extra reichen. Parmesan in ein Schälchen füllen, dazustellen.

**6.** Die Suppe in die Kürbisschale füllen und darin auftragen. Die Einlagen zur Selbstbedienung dazustellen.

• Sie können den Kürbis auch als Dekoration verwenden: Augen, Mund und Nase ausschneiden und eine Kerze in den Kürbis stellen: Das ist eine schöne gruselige Laterne für den Garten.

• Aromatischer, aber kleiner ist der Hokkaido-Kürbis. Wenn Sie keinen Wert auf den Kürbis als »Suppenterrine« legen, können Sie Hokkaido verwenden, in Spalten schneiden und schälen: Das geht schneller.

• Die Suppeneinlagen dürfen sich die Gäste natürlich gerne auch über den Salat streuen.

## Salatpalette

2 Zitronen
1 Bund Möhren (etwa 350 g)
100 g kernlose Trauben
250 g Feldsalat
1 kleiner Lollo rosso
1 kleiner Eisbergsalat
je 1 rote, gelbe und orange Paprikaschote
500 g Flaschentomaten
1 Bund Schnittlauch
1 Bund Petersilie

**Dekorativ • Gelingt leicht**

Zubereitungszeit: etwa 1½ Stunden

**1.** Die Zitronen auspressen und den Saft für die Salatsorten bereitstellen.

**2.** Das Gemüse und Obst vorbereiten: die Möhren putzen, waschen und schälen. Die Trauben abzupfen und waschen. Den Feldsalat putzen, waschen und trockenschleudern. Den Lollo rosso waschen, die Blätter vom Strunk biegen und kleinzupfen. Den Eisbergsalat im Ganzen waschen, gut abtropfen lassen und in 1 cm breite Streifen schneiden. Jede Salatsorte mit einigen Teelöffeln Zitronensaft mischen und getrennt in Schüsseln füllen.

**3.** Die Paprika waschen, halbieren, Stiel, Kerne und Zwischenwände entfernen. Die Schoten in schmale Streifen, dann in Würfel schneiden. Die Tomaten waschen, vom Stielansatz befreien, in Scheiben schneiden und in einer Schüssel anrichten.

**4.** Die Möhren mit der Küchenmaschine fein raspeln, mit etwas Zitronensaft und den Trauben vermischen, zu den Tomaten geben.

**5.** Den Schnittlauch waschen, trockenschütteln und in feine Röllchen schneiden. Die Petersilie waschen, trockenschütteln und fein hacken. Beides ebenfalls getrennt voneinander in kleinen Schalen zu den verschiedenen Salatsorten stellen. Nuß-Vinaigrette und Kräuterdressing dazu reichen.

## Nuß-Vinaigrette

1 Eßl. getrocknete Steinpilze
40 g frische Haselnußkerne
5 cl Balsamessig
1 Eßl. milder Senf
Salz
Pfeffer, frisch gemahlen
2 Teel. Portwein
1 Teel. Worcestersauce
einige Zweige Thymian
100 ml Nußöl
100 ml Maiskeimöl
100 ml Kaffeesahne
1 Knoblauchzehe
2 Schalotten

**Gut vorzubereiten**

Zubereitungszeit: etwa 30 Minuten (+ 6 Stunden Quellen)

**1.** Die Pilze zwischen den Fingerspitzen zerbröseln. 6 Stunden oder über Nacht in 100 ml Wasser einweichen.

**2.** Die Haselnußkerne in einer beschichteten Pfanne ohne Fett rundherum bei mittlerer Hitze rösten, bis sie duften. Dann auf ein Küchentuch geben und die Haut so gut wie möglich abreiben. Die Kerne im Mixer hacken. Die Pilze samt Wasser, dem Balsamessig, dem Senf, Salz, Pfeffer, Portwein und Worcestersauce im Mixer pürieren. Den Thymian waschen, trockenschütteln, die Blättchen von den Stengeln streifen und dazugeben. Zum Schluß beide Ölsorten und die Kaffeesahne dazugießen und cremig mixen.

**3.** Die Knoblauchzehe und die Schalotten schälen, sehr fein würfeln oder hacken, unter das Dressing mischen, aber nicht mehr mixen. Nochmals abschmecken, dann in eine Flasche umfüllen und bis zum Gebrauch im Kühlschrank aufbewahren.

## Leichtes Kräuterdressing

1 Bund Petersilie
1 Bund Dill
3 Becher Joghurt (3,5 % Fett)
6 Eßl. Kürbiskernöl
Salz
Pfeffer, frisch gemahlen

**Gelingt leicht • Geht schnell**

Zubereitungszeit: etwa 15 Minuten

**1.** Die Petersilie und den Dill waschen, trockenschütteln, die Blättchen von den Stielen zupfen und im Blitzhacker pürieren, dabei etwa 2–3 Löffel Joghurt dazugeben.

**2.** Diese Kräuterpaste nach und nach mit dem übrigen Joghurt und dem Kürbiskernöl verrühren, mit Salz und Pfeffer abschmecken. Bis zum Essen kalt stellen.

# Pastete à la grecque

(Für eine Springform von 26 cm ø)

450 g tiefgefrorener Blätterteig
750 g Blattspinat
Salz
1 Zwiebel
2 Knoblauchzehen
50 g Pinienkerne
3 Eßl. Olivenöl, kaltgepreßt
Pfeffer, frisch gemahlen
Muskatnuß, frisch gerieben
200 g Ricotta salata
4 Eier
400 g Sahnequark
12 schwarze Oliven ohne Kern
Fett für die Form

**Gut vorzubereiten**

Zubereitungszeit: etwa 1¼ Stunden (+ 40 Minuten Backen)

**1.** Den Blätterteig nach Packungsaufschrift auftauen lassen. Den Blattspinat waschen, putzen und verlesen. Reichlich Salzwasser in einem großen Topf zum Kochen bringen und den Spinat darin in drei Portionen blanchieren, d. h. einmal sprudelnd aufkochen lassen, mit einem Schaumlöffel herausheben, in einem Sieb abtropfen lassen.

**2.** Die Zwiebel und die Knoblauchzehen schälen, halbieren und in feine Würfel schneiden. Die Pinienkerne im Olivenöl bei mittlerer Hitze hellbraun rösten, dann Zwiebel- und Knoblauchwürfel hinzufügen und alles kurz weiterdünsten. Den abgetropften Spinat mit der Zwiebelmischung, dem Pfeffer und der Muskatnuß würzen und gut durchmischen.

**3.** Den Ricotta mit dem Pürierstab sehr fein pürieren. Nach und nach 3 Eier dazugeben und mitpürieren. Ein Ei trennen, nur das Eiweiß verwenden, das Eigelb zur Hälfte beiseite tun, die andere Hälfte in die Käsemasse rühren. Den Quark unterziehen und die Masse mit etwas Pfeffer abschmecken. Die Oliven in längliche Streifen schneiden und unter die Käsemasse ziehen. Zum Schluß den Spinat behutsam unterheben.

**4.** Die Springform einfetten. Die Hälfte der Blätterteigplatten für den Pastetendeckel beiseite legen. Die übrigen Platten aufeinanderlegen und so ausrollen, daß man die Pastetenform damit auslegen kann. Den Teig in die Form legen und rundherum an den Seiten etwas hochziehen und andrücken. Den Backofen auf 200 Grad (Gas Stufe 3) vorheizen.

**5.** Die Käse-Spinatmasse in der Form verteilen. Den Deckel ausrollen, auf die Pastete legen und an den Nahtstellen zusammendrücken. Mit einem Fingerhut in der Mitte einen »Kamin« ausstechen.

**6.** Aus Teigresten beliebige Verzierungen ausstechen oder -radeln und die Pastete damit verzieren. Das halbe Eigelb mit einigen Tropfen Wasser cremig rühren, die Pastete damit einpinseln. Im Backofen (unten) etwa 40 Minuten backen. Wird die Pastete zu dunkel, mit Pergament abdecken. Warm oder kalt aufs Buffet geben.

- Die Pastete läßt sich auch einfrieren und vor dem Buffet wieder auftauen.
- Sie können die Pastete ebenso in einer 26 cm Kasten-Pastetenform backen. Dann mischen Sie Käse und Spinat nicht, sondern schichten sie abwechselnd ein. Die Backzeit erhöht sich auf 50 Minuten.

# Auberginenröllchen mit Polenta

2 Auberginen (je etwa 300 g)
3 Eßl. Olivenöl, kaltgepreßt
1–2 Teel. Basilikum in Öl
Salz
Pfeffer, frisch gemahlen
etwas Öl für das Backblech
400 ml Gemüsebrühe
80 g Crème fraîche
120 g Polenta
5 Eßl. Parmesan, frisch gerieben
2–3 Eßl. Tomatenmark
3 Eßl. geriebene Mandeln

**Raffiniert**

Zubereitungszeit: etwa 1½ Stunden

**1.** Die Auberginen waschen, vom Stiel befreien und der Länge nach in etwa ½ cm dicke Scheiben schneiden. Das Olivenöl mit dem Basilikum in Öl, etwas Salz und Pfeffer mischen und die Auberginenscheiben von beiden Seiten damit einpinseln.

**2.** Das Backblech leicht einölen, die Auberginenscheiben darauf verteilen. Unter den Grill schieben, bis die Oberfläche beginnt zu bräunen. Dann die Scheiben umdrehen und ebenfalls braun grillen. (Im Backofen bei 240 Grad [Gas Stufe 4] etwa 12 Minuten backen.)

**3.** Die Gemüsebrühe mit der Crème fraîche zum Kochen bringen, die Polenta einrieseln lassen, den Parmesan dazugeben und die Polenta unter Rühren bei schwacher Hitze etwa 15 Minuten lang köcheln. Mit Salz und Pfeffer abschmecken.

**4.** Die Auberginenscheiben auf einer Seite mit dem Tomatenmark bestreichen. Dann die Polenta darauf verteilen und verstreichen, solange sie noch warm ist. Die Auberginen aufrollen und mit der Nahtstelle nach unten in eine Form legen.

**5.** Die Röllchen mit den geriebenen Mandeln bestreuen und nochmals kurz unter dem Grill bräunen. Lauwarm oder bei Zimmertemperatur auf's Buffet setzen.

• Wenn die Auberginenröllchen am Vortag hergestellt werden, erst vor dem Fest mit den Mandeln übergrillen.

# Backpilze

16 große Champignons
3 Eßl. Zitronensaft
3 Eßl. Öl
Salz
3 Eßl. Sonnenblumenkerne
3 Eßl. Leinsamen
3 Eßl. Sesamsamen
100 g Kräuterfrischkäse
2–3 Stengel Salbei
Fett für das Backblech

**Gelingt leicht**

Zubereitungszeit: etwa 30 Minuten

**1.** Die Champignons mit einem Küchentuch abreiben, die Stiele herausdrehen und anderweitig verwenden. Den Zitronensaft mit dem Öl und einer Prise Salz mischen, die Pilze darin wenden.

**2.** Die Sonnenblumenkerne hacken, mit den Lein- und Sesamsamen mischen. Den Kräuterfrischkäse unterkneten. Den Salbei waschen.
2–3 Blätter in feine Streifen schneiden und unter die Käsecreme ziehen. Den Backofen auf 200 Grad (Gas Stufe 3) vorheizen.

**3.** Die Creme in die Pilzköpfe streichen. Jeweils 1 kleines Salbeiblatt durch das Zitronenöl ziehen, auf die Füllung legen. Die Pilze auf ein gefettetes Backblech setzen und im Backofen (Mitte) etwa 15 Minuten backen, bis sie braun sind. Lauwarm anrichten.

• Die Füllung kann man schon am Vortag zubereiten.

# Gefüllte Riesenzucchini

2 Maiskolben
Salz
2 Zwiebeln
2 Knoblauchzehen
75 g Cashewkerne
3 Eßl. Öl
250 g Quitten
75 g Wildreis
200 ml Gemüsebrühe
Pfeffer, frisch gemahlen
Muskatnuß, frisch gerieben
1 Bund Frühlingszwiebeln
1 Riesenzucchini (etwa 35 cm lang), ersatzweise etwa 2 kg normale Zucchini
3 Eßl. Zitronensaft

**Dekorativ • Pikant**

Zubereitungszeit: etwa 1½ Stunden (+ 40 Minuten Backen)

**1.** Die Maiskolben in ¼ l Salzwasser bei mittlerer Hitze in etwa 30 Minuten garen.

**2.** Inzwischen die Zwiebeln und Knoblauchzehen schälen, halbieren und in feine Würfel schneiden. Die Cashewkerne im Öl bei mittlerer Hitze hellbraun anrösten. Dann die Zwiebelwürfel und den Knoblauch dazugeben und weiterbraten, bis die Zwiebeln bräunen.

**3.** Die Quitten waschen, schälen und vierteln. Das Kerngehäuse entfernen und die Spalten quer in dünne Scheiben schneiden. Die Quittenstückchen und den Wildreis zu den Röstzwiebeln geben, die Brühe hinzufügen und alles zum Kochen bringen. Mit etwas Salz, Pfeffer und Muskatnuß würzen und in etwa 45 Minuten bei mittlerer Hitze garen. Eventuell Wasser dazugeben.

**4.** Die Maiskolben auf einen Teller geben, etwas abkühlen lassen, senkrecht halten und die Körner vom Kolben schneiden. Die Frühlingszwiebeln putzen und in dünne Scheiben schneiden.

**5.** Den Backofen auf 200 Grad (Gas Stufe 3) vorheizen. Die Zucchini waschen, die Enden abschneiden und die Zucchini längs halbieren. Mit einem Kugelausstecher das kernige Innere herausschälen. Die Zucchini innen mit Salz und Pfeffer bestreuen.

**6.** Die Zucchinihälften auf ein Blech setzen. Die Reismischung mit den Maiskörnern und Frühlingszwiebeln mischen, mit dem Zitronensaft abschmecken. Diese Mischung in die Zucchinihälften füllen. Mit Öl beträufeln und mit Alufolie abdecken. Im Backofen (unten) etwa 40 Minuten backen. Im Ofen abkühlen lassen. Schmeckt heiß und kalt.

# Flammekueche mit Nüssen

300 g Weizenmehl (Type 1050) + Mehl zum Bestäuben
½ Tütchen Trockenhefe
½ Teel. Salz
3 Eßl. Traubenkernöl
200 g saure Sahne (20% Fett)
3 Eßl. süße Sahne
Pfeffer, frisch gemahlen
½ Teel. frische Thymianblättchen
200 g frische Walnußkerne
200 g grüne Trauben
200 g blaue Trauben
Fett für das Backblech

**Apart • Braucht etwas Zeit**

Zubereitungszeit: etwa 1¼ Stunden

**1.** Das Mehl mit der Hefe mischen. Nach und nach 200 ml lauwarmes Wasser, das Salz und das Öl unterrühren. Der Teig sollte weich, aber formbar sein. Mit der Küchenmaschine so lange kneten, bis der Teig nicht mehr klebt, mit Mehl bestäuben und zugedeckt in einer Schüssel bei Zimmertemperatur etwa 30 Minuten gehen lassen.

**2.** In der Zwischenzeit die saure Sahne mit der süßen Sahne, etwas Salz, Pfeffer und dem Thymian cremig rühren. Die Nüsse, soweit möglich, von der Haut befreien und vierteln. Die Trauben waschen, halbieren und entkernen.

**3.** Den Backofen auf 220 Grad (Gas Stufe 4) vorheizen. Das Backblech mit gefettetem Pergament auslegen. Den Teig auf Backblechgröße ausrollen. Rundum einen kleinen erhöhten Rand stehenlassen.

**4.** Die vorbereitete saure Sahne auf dem Teig verstreichen, die Nüsse und Trauben mit der glatten Unterseite bzw. Schnittfläche auf den Belag legen.

Den Kuchen im Backofen (unten) etwa 15 Minuten backen.

**5.** Den Flammekueche in Rechtecke aufschneiden und warm auf's Buffet geben.

• Wenn Sie den Flammekueche vorher zubereiten und einfrieren, nur 10 Minuten backen und unaufgetaut bei 220 Grad (Gas Stufe 4) 10 Minuten im Backofen (unten) aufbacken.

## Preiselbeer-Götterspeise

300 g Pumpernickel
80 g Halbbitter-Schokolade
4 Eßl. Kirschwasser
360 g Preiselbeeren
180 g Zucker
1 Msp. Zimt
200 g Mascarpone
250 g süße Sahne

**Gelingt leicht**

Zubereitungszeit: etwa 1 Stunde
(+ 3 Stunden Kühlen)

**1.** Die Pumpernickelscheiben toasten (sie sollen dadurch trocken werden), abkühlen lassen und zwischen den Fingerspitzen zerreiben. Die Schokolade ebenfalls reiben. Beides mischen und dabei mit dem Kirschwasser aromatisieren.

**2.** Preiselbeeren waschen und verlesen. Mit Zucker und 50 ml Wasser in einem Topf aufkochen lassen. Bei mittlerer Hitze in etwa 10 Minuten offen dickkochen und mit dem Zimt würzen. Abkühlen lassen, 2–3 Eßlöffel Beeren zur Dekoration beiseite legen.

**3.** Den Mascarpone unter die Preiselbeercreme ziehen. Die Sahne sehr steif schlagen und bis auf 2 Eßlöffel ebenfalls unterziehen.

**4.** Wechselweise Creme und Pumpernickel in eine Glasschale füllen, mit Creme abschließen. Mit Sahnetupfen und Preiselbeeren darauf dekorieren. Mindestens 3 Stunden kalt stellen.

## Portwein-Zwetschgen mit Zimtcreme

1/4 l Milch
100 g Kleehonig
250 g süße Sahne
3 Eier
3 Eigelb
1 Teel. Zimt
800 g Spätzwetschgen
1 Glas Portwein
50 g Zucker
50 g Walnußkerne

**Gut vorzubereiten • Raffiniert**

Zubereitungszeit: etwa 2 Stunden

**1.** Die Milch leicht erwärmen, dabei die Hälfte Honig darin auflösen. Dann die Milch vom Herd ziehen, nach und nach die Sahne, die Eier, die Eigelb und den Zimt unterrühren: die Masse sollte nicht schaumig werden.

**2.** Den Backofen auf 180 Grad (Gas Stufe 2) vorheizen. Das tiefe Bratblech in die mittlere Schiene schieben und etwa zwei fingerhoch mit heißem Wasser füllen.

**3.** Eine Guglhupfform mit 2 Eßlöffeln Honig ausstreichen und die Zimtsahne einfüllen. Die Form in das Wasserbad im Ofen setzen und in etwa 45 Minuten stocken lassen.

**4.** Inzwischen die Zwetschgen waschen, halbieren und entsteinen. Mit dem Portwein und dem Zucker bei schwacher Hitze in etwa 15 Minuten zum Kompott kochen. In einer Schale abkühlen lassen.

**5.** Die Creme noch heiß auf eine tiefe Platte stürzen und völlig erkalten lassen. Zum Servieren mit den Zwetschgen umlegen. Die Walnüsse hacken und in einer beschichteten Pfanne mit dem restlichen Honig bei schwacher Hitze rösten bis sie duften, über die Creme streuen.

• Die Zimtcreme muß kalt sein, das Kompott schmeckt aber auch warm sehr gut.

# High Tea

High Tea ist eine urenglische Angelegenheit und deshalb eigentlich nicht ins Deutsche übersetzbar. Es ist ein »später« Tee oder ein frühes Abendessen: High Tea beginnt um 17.00 Uhr und kann bis in die späten Abendstunden reichen. Deshalb werden nicht nur süßes Gebäck, sondern auch pikante Kleinigkeiten gereicht. Das Schöne für die Gastgeber: Ist das Buffet erst einmal bereitet, können sie sich entspannt den Gästen widmen und den Abend so genießen, wie er sich entwickelt. Es wird nichts kalt und nichts verkocht. Hauptsache, der Tee ist heiß – wer einen Samowar hat, ist fein heraus. Sonst halten Sie am besten Thermoskannen im Hintergrund bereit. Die Teekanne selber sollte stilecht auf einem Rechaud thronen. Wer Kaffee bevorzugt, sollte ihn auch bekommen. Und Tee-Freaks können selbstverständlich auch verschiedene Teesorten anbieten: z. B. einen zarten Darjeeling First Flush, einen würzigen Earl Grey oder einen kräftigen Assam.
Im Laufe des Abends können Sie einen Südwein offerieren wie Port, Sherry oder trockenen Tokajer. Oder – echt englisch – einen Whiskey Soda.
High Tea ist eine gute Gelegenheit, einen zwanglosen Abend mit Freunden zu verbringen – vor allem die ältere Generation ist für dieses früh beginnende Beisammensein oft dankbar.

## Das gibt es

- Nuß-Savarin mit Früchten
- Sachertorte
- Orangentarte
- Beeren-Schiffchen
- Elsässischer Gugelhupf
- Frischkäsetorte mit Trauben
- Gefüllte Tomaten
- Pikante Profiteroles
- Sandwich-Platte

## So wird's schneller

• Reduzieren Sie das Angebot: **Frischkäsetorte, Orangentarte** und **Gugelhupf** sind köstlich, aber notfalls entbehrlich.
• **Nuß-Savarin** und **Sachertorte** lassen sich gut im voraus zubereiten: keine Vereinfachungen möglich.
• Die **Beeren-Schiffchen** lassen sich auch mit fertigen Torteletts zubereiten.
• **Sandwich-Platte** und **gefüllte Tomaten** sind nicht zu vereinfachen.
• Die Windbeutelchen bei den **pikanten Profiteroles** kann man durch kleine, fertige Pastetchen zum Füllen ersetzen (im Feinkostgeschäft).

## Das gibt's zu trinken

Der Tee spielt hier die Hauptrolle. Lassen Sie sich im Tee-Fachgeschäft beraten, und wählen Sie möglichst zwei gegensätzliche Sorten, also einen zarten und einen kräftigen. Lassen Sie den Tee zu dieser Tageszeit etwa 5 Minuten ziehen – dann stört er nicht später die Nachtruhe. Rechnen Sie für 8 Tassen 5–6 Teelöffel Tee. Für alle, die ihn dünner mögen, sollte immer eine Kanne mit abgekochtem, heißem Wasser bereitstehen. Zucker, Kandis, Milch, Sahne und Rum gehören selbstverständlich dazu. Daneben auch eine Kanne Kaffee – für die Unbekehrbaren. Danach gibt's Portwein, Sherry und vielleicht einen trockenen Tokajer. Halten Sie Whiskey, Mineralwasser und Tonic bereit – wenn der Nach-Tee-Durst kommt.

**• Zum Essen:**
Tee (am besten zwei Sorten)
Kaffee
Mineralwasser
Tonic
Sherry
Portwein oder Tokajer
Whiskey

*Auf kleinen Beistelltischchen lassen sich Tee- und Kaffeekanne, Sahne, Zucker und Kandiszucker (links) sowie der Samowar (oben) bestens abstellen.*

## Deko-Ideen

• Wer einen Tisch mit dekorativer Platte hat, sollte auf Tischwäsche verzichten: Die Engländer bevorzugen Sets aus fester Pappe mit Motiven alter Stiche o. ä. Stellen Sie also die Platten auf den blanken Tisch, allenfalls hier und da mit einem Set als Unterlage. Es wird auch keine regelrechte Kaffeetafel gedeckt: Man sitzt auf Sofa und Sessel, immer in der Reichweite von Beistelltischchen. Wer nicht genügend Tischchen hat, muß sich zu helfen wissen: Nachttischchen, feste, große Kartons oder Apfelsinenkisten lassen sich unter Tüchern (am schönsten Samt oder Dekostoffe) elegant verstecken. Das gilt auch für den Buffet-Tisch, wenn er ganz »ohne« nicht wirkt.

• Die Einladung kann auch englisch daherkommen – mit typischen Karten mit altmodischen Motiven, z. B. Jagdszenen oder Blumenarrangements, die Sie im Fachhandel bekommen. Witzig sind auch beschriebene Tortendeckchen aus Papier (in Haushaltsgeschäften). Oder aber Sie verschicken Einladungen in Form einer Teekanne.

## Zeitplan

1 Woche vorher:
- Profiteroles backen und einfrieren.
- Schiffchen backen und in einer Dose aufbewahren.
- Nuß-Savarin backen und einfrieren.
- Tee und die übrigen Getränke besorgen.

2 Tage vorher:
- Sachertorte backen.

Am Vortag:
- Orangentarte backen.
- Gugelhupf ansetzen.
- Füllung für die Profiteroles zubereiten und kalt stellen.
- Frischkäsetorte herstellen.

Am Tag selber:
- Gugelhupf backen.
- Profiteroles füllen.
- Sandwiches herstellen.
- Gefüllte Tomaten zubereiten.
- Beeren-Schiffchen fertigstellen.
- Nuß-Savarin tränken.

1–2 Stunden vor Festbeginn:
- Obstsalat für Nuß-Savarin herstellen, Savarin mit Sahne überziehen und mit Obstsalat anrichten.
- Alle Kuchen und Torten anrichten, anschneiden und mit Frischhaltefolie bedecken bis zum Beginn des Buffets.
- Tee und Kaffee brühen.
- Tokajer, Mineralwasser und Tonic kühlen.

## So verändern Sie die Mengen

(Rezeptangaben bitte mit den Tabellenwerten multiplizieren)

| Zutaten für | 8 | 16 | 20 | 25 | 30 Pers. |
|---|---|---|---|---|---|
| Nuß-Savarin | – | [c] | 1 | 1 | 2[f] |
| Sachertorte | 1 | 1 | 1 | 1 1/2[h] | 1 1/2[h] |
| Orangentarte | 1 | 1 | 1 1/2[e] | 1 1/2[h] | 1 1/2[h] |
| Beeren-Schiffchen | – | 1 1/2 | 1 1/2 | 2 | 2 1/2 |
| Elsäss. Gugelhupf | – | 1 | 1 1/3[f] | 1 2/3 | 1 2/3 |
| Frischkäsetorte | – | 1 | 1 | 1 1/2[i] | 1 1/2[i] |
| Gefüllte Tomaten | – | 1 1/2 | 2 | 1 1/2 | 2 |
| Pikante Profiteroles | 1/2[a] | 1 | 1 1/2[g] | 1 1/2 | 2 |
| Sandwich-Platte | 1/2[b] | 1 1/2[d] | 1/2[d] | 2 | 2 |

a) Nur mit Käsecreme b) Mit Schinken-, Gurken- und Forellen-Sandwiches
c) Savarin-Teig um die Hälfte erhöhen und in einer Form mit 26 cm ø backen, 2 Bananen zusätzlich in den Obstsalat d) Mit doppelt so vielen Gurken-, Kresse-Ei- und Roastbeef-Sandwiches e) In einer Springform mit 30 cm ø backen f) In großer Form g) Käsecreme 2 x, Schinkencreme 1 x h) In einer Springform mit 28 cm ø backen i) In einer Springform mit 26 cm ø backen

# Nuß-Savarin mit Früchten

(Für 1 Savarin- oder Gugelhupfform von 22 cm ⌀)

Fett und Mehl für die Form
4 Eier
85 g Zucker
85 g gemahlene Haselnüsse
4 Teel. Ahornsirup
2 cl Rum
1 unbehandelte Limette
1 Msp. Ingwerpulver
1 Baby-Ananas
2 Kiwis
2 Orangen
125 g süße Sahne

**Erfrischend • Dekorativ**

Zubereitungszeit: etwa 30 Minuten (+ 1 Stunde Backen)

**1.** Den Backofen auf 180 Grad (Gas Stufe 3) vorheizen. Die Form sehr gut einfetten und mit Mehl bestäuben.

**2.** Die Eier trennen. Die Eigelb mit 50 g Zucker schaumig rühren. Die Eiweiß mit dem restlichen Zucker zu steifem Schnee schlagen.

**3.** Die Nüsse und den Eischnee unter die Eigelbmasse ziehen. Den Teig in die vorbereitete Form füllen und in etwa 55 Minuten (Mitte) backen.

**4.** Den Ahornsirup mit dem Rum und Wasser vermischen und den noch heißen Savarin damit tränken, anschließend kalt werden lassen.

**5.** Die Limette waschen, die Schale abreiben und mit dem Ingwer vermischen. Den Limettensaft auspressen.

**6.** Die Ananas der Länge nach vierteln, den festen Strunk herausschneiden, die Schale großzügig abschneiden und das Fruchtfleisch würfeln.

**7.** Die Kiwis schälen, längs vierteln und quer in etwa ½ cm breite Scheiben schneiden, mit den Ananasstücken und dem Limettensaft vermischen.

**8.** Die Orangen bis auf das Fruchtfleisch schälen, mit einem scharfen Messer die einzelnen Segmente aus den Zwischenhäuten lösen, halbieren und mit dem restlichen Obst vermischen. Den austretenden Saft zum Obst geben. Den Obstsalat mit der Limetten-Ingwer-Mischung abschmecken.

**9.** Die Sahne steif schlagen. Kurz vor dem Servieren den Obstsalat auf ein Sieb geben. Den Savarin erst mit dem ablaufenden Saft tränken, dann mit Sahne überziehen. Zum Schluß den Obstsalat in und um den Savarin anrichten.

# Sachertorte

(Für eine Springform von 20 cm ⌀)

2–3 Eßl. Haselnußkrokant
50 g Butter oder Margarine
Fett und Mehl für die Form
4 Eier (Gewichtsklasse 4)
40 g Marzipanrohmasse
70 g Zucker
1 Prise Salz
1½ Eßl. Speisestärke
4 Eßl. Mehl
6 Eßl. Kakaopulver
100 g Johannisbeergelee
150 g Zartbitter-Kuvertüre

**Gut vorzubereiten**

Zubereitungszeit: etwa 30 Minuten (+ 30 Minuten Backen)

**1.** Den Krokant fein mahlen. Das Fett schmelzen und abkühlen lassen. Den Backofen auf 170 Grad (Gas Stufe 3) vorheizen. Den Boden der Springform einfetten und mit Mehl bestäuben.

**2.** Die Eier trennen. Die Eigelb mit der Marzipanrohmasse, 2 Eßlöffel Zucker und dem Salz schaumig rühren. Das geschmolzene Fett unterrühren. Die Speisestärke mit dem Mehl, dem Kakao und dem Krokant vermischen und unter die Eigelbmasse ziehen.

**3.** Die Eiweiß mit dem restlichen Zucker zu steifem Schnee schlagen. Den Schnee unter die Eigelbmasse heben. Den Teig in die vorbereitete Form füllen und im Ofen (Mitte) etwa 30 Minuten backen.

**4.** Den ausgekühlten Boden einmal durchschneiden, so daß zwei gleiche Böden entstehen. Das Johannisbeergelee leicht erwärmen. Den unteren Boden mit dem Gelee bestreichen und den oberen Boden darauf legen.

**5.** Die Kuvertüre im Wasserbad schmelzen. Die Torte mit der Kuvertüre überziehen. Sie können auch 100 g dunkle Kuvertüre erwärmen und auf einer Platte dünn verstreichen. Nach dem Erstarren mit einem Messer schräg Späne abschaben und einen Finger daranhalten, damit sie sich rollen, die Rollen sternförmig auf die Torte legen.

# Orangentarte

(Für 1 Tarte- oder Springform von 20–22 cm ⌀)

2 Eier
100 g Weizenmehl
1 Eßl. Puderzucker
1 Prise Salz
60 g Butter oder Margarine
2 Orangen
Fett und Mehl für die Form
100 g Mascarpone
70 g Zucker
2 Eßl. Orangenlikör

**Gut vorzubereiten**

Zubereitungszeit: etwa 1 Stunde (+ 30 Minuten Backen)

**1.** Ein Ei trennen, das Eigelb beiseite stellen. Das Mehl, den Puderzucker, das Salz, das Fett und das Eiweiß mit einer Küchenmaschine oder den Knethaken des Handrührgerätes schnell zu einem glatten Teig verkneten.

**2.** Den Teig zu einer Kugel formen und in Folie gewickelt etwa 30 Minuten im Kühlschrank ruhen lassen.

**3.** Inzwischen die Orangen mit einem scharfen Messer bis auf die weiße Haut schälen. Die einzelnen Segmente aus den Zwischenhäuten trennen. Dabei den Saft auffangen.

**4.** Den Backofen auf 180 Grad (Gas Stufe 3) vorheizen. Die Tarte- oder Springform einfetten und mit Mehl bestäuben. Den Teig dünn ausrollen und in die Form legen, mehrfach einstechen. (Der Durchmesser der Teigplatte muß 5 cm größer sein als derjenige der Form.) Den Rand wellenförmig eindrücken.

**5.** Den Mascarpone mit dem Zucker verrühren. Das zweite Ei und das Eigelb dazugeben und kräftig schlagen. Nach und nach den Likör und den Orangensaft (höchstens 100 ml) unterrühren. Diese Flüssigkeit in die Tarte gießen. Die Orangenfilets darauf kranzförmig anordnen.

**6.** Die Tarte im Backofen (Mitte) etwa 30 Minuten backen, bis die Creme gestockt ist und sich die Orangen leicht bräunen. Kalt oder warm zu Tisch geben.

• Die Tarte hält sich gut verpackt 1–2 Tage.

• Falls Sie die Orangentarte viel früher zubereiten, nur 20 Minuten backen, einfrieren und aufgetaut im vorgeheizten Backofen etwa 15 Minuten nachbacken.

# Beeren-Schiffchen

(Für 12 Schiffchen)

90 g Weizenvollkornmehl
5 Eßl. gemahlene Haselnüsse
1 Eßl. Puderzucker
1 Prise Salz
75 g weiche Butter oder Margarine
2 Eßl. saure Sahne (10 % Fett)
Fett und Mehl für die Formen
50 g geschlagene Sahne
75 g Vanillepudding (Becher)
2 Blatt weiße Gelatine
⅛ l Sekt
1 Päckchen Vanillezucker
250 g gemischte Beeren, tiefgefroren

**Dekorativ • Für Kinder**

Zubereitungszeit: etwa 1½ Stunden (+ 30 Minuten Ruhen)

**1.** Das Mehl, die Haselnüsse, den Puderzucker und das Salz in eine Schüssel sieben. In die Mitte eine Mulde drücken, das weiche Fett und die saure Sahne hineingeben, zu einem Teig verarbeiten. Falls notwendig, vorsichtig einige Tropfen Wasser dazugeben, damit der Teig zusammenhält. Eine Kugel formen und in Folie eingeschlagen mindestens 30 Minuten im Kühlschrank ruhen lassen.

**2.** Den Backofen auf 190 Grad (Gas Stufe 3) vorheizen. Die Förmchen (etwa 10 x 3 cm groß) einfetten und mit Mehl bestäuben.

**3.** Den Teig in 12 Portionen teilen und ausrollen. In die vorbereiteten Förmchen geben und im Backofen (Mitte) etwa 15 Minuten backen. Die Schiffchen aus der Form lösen und auf einem Kuchenrost ganz auskühlen lassen.

**4.** Die Sahne unter den Pudding ziehen und die Mischung in die Schiffchen geben und glattstreichen.

**5.** Die Gelatine in kaltem Wasser einweichen. Die Hälfte Sekt erhitzen, die Gelatine darin auflösen. Den Topf vom Herd ziehen und den Vanillezucker unterrühren. Den restlichen Sekt löffelweise unter Rühren zufügen.

**6.** Die unaufgetauten Beeren auf die Pudding-Schiffchen verteilen.

**7.** Den abgekühlten Guß darüber träufeln: durch die Kälte der Beeren erstarrt er sofort.

• Die Schiffchen können Sie schon 1–2 Wochen vorher backen und luftdicht verschlossen aufbewahren.

• Falls Sie keine Zeit zum Backen haben, können Sie auch fertig gekaufte Mürbeteig-Torteletts als Boden verwenden. Da diese meist größer sind, benötigen Sie dann etwa doppelt soviel Pudding und Beeren.

# Elsässischer Gugelhupf

(Für eine Gugelhupfform von 22 cm ⌀)

¾ Würfel Hefe (30 g)
55 g Kleehonig
180 ml lauwarme Milch
300 g Weizenmehl
3 cl Kirschwasser
1 gehäufter Teel. Salz
3 Eier (Gewichtsklasse 4)
150 g weiche Butter
Fett und gemahlene Walnüsse für die Form
120 g Walnußkerne
60 g Rosinen

**Klassisch • Einfach**

Zubereitungszeit: etwa 50 Minuten (+ 8 Stunden Ruhen + 40 Minuten Backen)

**1.** Die Hefe mit 1 Teelöffel Honig und 4 Eßlöffel Milch verrühren und etwa 15 Minuten gehen lassen.

**2.** Diese Mischung mit der restlichen Milch, dem Mehl, dem Kirschwasser, dem restlichen Honig, dem Salz, den Eiern und der Butter mit einer Küchenmaschine zu einem glatten Teig verkneten. Den Teig in eine mindestens dreimal größere Plastikschüssel mit Deckel geben. Die verschlossene Schüssel über Nacht im Kühlschrank stehen lassen.

**3.** Eine Gugelhupfform einfetten und mit gemahlenen Walnüssen ausstreuen. So viele Walnußkerne wie möglich nebeneinander in die Form legen mit der Rundung nach unten. Die Rosinen mit heißem Wasser überbrühen, waschen und trockentupfen.

**4.** Die Rosinen und die restlichen Nüsse unter den Teig kneten. Den Teig in die Form geben und in den kalten Backofen (unten) stellen. Den Ofen auf 180 Grad (Gas Stufe 3) einstellen und den Gugelhupf etwa 40 Minuten backen. Nach etwa 20 Minuten abdecken, da er sonst zu braun wird.

**5.** Den Gugelhupf noch heiß auf ein Kuchengitter stürzen und ausdampfen lassen.

# Frischkäsetorte mit Trauben

(Für eine Springform 22 cm ⌀)

180 g Pumpernickel
6 Eßl. Korinthen
2 Eßl. Weinbrand
6 Blatt weiße Gelatine
200 g offener Frischkäse von der Käsetheke
350 g Joghurt (3,5 % Fett)
Salz
2–3 Eßl. Akazienhonig
schwarzer Pfeffer, frisch gemahlen
1 Teel. abgeriebene Schale von 1 unbehandelten Orange
2 Eßl. Orangensaft
600 g Weintrauben ohne Kerne

**Raffiniert • Gut vorzubereiten**

Zubereitungszeit: etwa 1 Stunde (+ 4 Stunden Gelieren)

**1.** Den Pumpernickel zwischen den Fingerspitzen fein zerbröseln. Die Korinthen mit Wasser überbrühen, waschen, abtropfen lassen und hacken. Mit den Pumpernickelbröseln und dem Weinbrand locker vermischen.

**2.** Die Springform mit Frischhaltefolie auslegen, an den Rändern rundherum hochziehen. Die Pumpernickelmischung auf dem Boden verteilen.

**3.** Die Gelatine in kaltem Wasser etwa 10 Minuten einweichen, abtropfen lassen und bei schwacher Hitze in einem kleinen Topf behutsam auflösen. Sie darf dabei nicht kochen.

**4.** Den Frischkäse mit dem Joghurt glattrühren und mit einer Prise Salz, dem Honig, dem Pfeffer, der Orangenschale und dem Orangensaft frischwürzig abschmecken.

**5.** Die aufgelöste Gelatine mit 2 Eßlöffel Käsecreme angleichen und dann unter ständigem Rühren in die restliche Käsecreme gießen. Auf dem Pumpernickelboden verteilen. Die Trauben waschen, abtropfen lassen und von den Stielen lösen. Auf der Käsecreme verteilen und leicht hineindrücken. Käsetorte mindestens 4 Stunden kalt stellen.

**6.** Den Springformrand lösen, die Torte auf ein Brett stürzen. Die Frischhaltefolie abziehen und die Torte auf eine Platte stürzen.

• Die Torte sieht besonders gut auf frischem Weinlaub aus.

• Das Aroma von Joghurt und Frischkäse ist geschmacksbestimmend. Joghurt aus dem Bioladen oder türkischen Geschäft ist besonders aromatisch. Den Frischkäse bekommen Sie an der Käsetheke oder ebenfalls im Bioladen: Er sollte nicht zu salzig sein.

# Gefüllte Tomaten

100 g Cocktailkrabben
1 Teel. Zitronensaft
24 kleine Tomaten (⌀ etwa 4 cm)
Salz
schwarzer Pfeffer, frisch gemahlen
½ Kästchen Kresse
80 g süße Sahne
1 Teel. Tomatenmark

**Macht etwas Arbeit • Raffiniert**

Zubereitungszeit: etwa 45 Minuten

**1.** Die Krabben in dem Zitronensaft etwa 30 Minuten marinieren.

**2.** Inzwischen die Tomaten waschen und trockenreiben. Die Kappen abschneiden und die Tomaten mit einem Teelöffel vorsichtig aushöhlen, innen salzen und pfeffern.

**3.** Die Kresse abbrausen, trockentupfen und verlesen.

**4.** Die Sahne steif schlagen, dabei das Tomatenmark, etwas Salz und Pfeffer dazugeben. Die Krabben mit der Sahne und der Kresse mischen und in die Tomaten füllen. Die gefüllten Tomaten auf einer Platte anrichten.

# Pikante Profiteroles

(Zutaten für etwa 48 Stück)

Für den Brandteig:
25 g Butter
75 g Mehl
1 Prise Salz
2 Eier
Fett und Mehl für das Blech
Für die Käsecreme:
1 hartgekochtes Ei
30 g milder Schafkäse
3 Eßl. Crème fraîche
Salz
Pfeffer, frisch gemahlen
1 Teel. Petersilie, fein gehackt
Für die Schinkencreme:
70 g magerer, gekochter Schinken
2 Eßl. Crème fraîche
1 Teel. Cassis (Johannisbeerlikör)
weißer Pfeffer, frisch gemahlen
Muskatnuß, frisch gerieben
Für die Garnitur:
1–2 Stengel Dill
2 Stengel Thymian
einige Salatblätter

**Dekorativ • Gut vorzubereiten**

Zubereitungszeit: etwa 2½ Stunden

**1.** Butter mit ¼ l Wasser zum Kochen bringen. Das Mehl und das Salz in den Topf geben und bei mittlerer Hitze so lange rühren, bis sich ein Kloß gebildet hat. Wenn sich am Topfboden ein weißer Belag bildet, den Topf vom Herd nehmen.

**2.** Den Kloß in einer Schüssel etwas abkühlen lassen. Die Eier nacheinander unterrühren.

**3.** Den Backofen auf 180 Grad (Gas Stufe 2–3) vorheizen. Ein Backblech einfetten und leicht mit Mehl bestäuben. Den Teig in einen Spritzbeutel mit großer Sterntülle füllen und 48 etwa walnußgroße Rosetten auf das Backblech spritzen, dabei genügend Abstand lassen.

**4.** Die Rosetten im Backofen (Mitte) etwa 30 Minuten backen, danach gut auskühlen lassen, die Deckel halb abschneiden.

**5.** Das Ei mit dem Schafkäse und der Crème fraîche pürieren, mit Salz und Pfeffer pikant abschmecken, die Petersilie untermischen.

**6.** Den Schinken im Blitzhacker mit der Crème fraîche und dem Cassis pürieren, bis eine cremige Konsistenz entstanden ist. Mit Pfeffer und Muskat abschmecken. Die Kräuter waschen und trockentupfen, die Spitzen abzupfen.

**7.** Die Cremes mit einem Spritzbeutel mit Sterntülle in die Profiteroles spritzen. Die Käsecreme mit den Dillspitzen bestreuen, die Schinkencreme mit dem Thymian.
Auf einer Platte mit Salatblättern anrichten und kalt stellen.

• Die Windbeutel können Sie einige Tage vorher backen und luftdicht verschlossen lagern.

• Die Cremes können gut am Vortag hergestellt und im Kühlschrank aufbewahrt werden.

# Sandwich-Platte

(Für jeweils 6 Sandwiches)

1 Kopfsalat

**Gurken-Sandwiches:**
etwa 4 cm Salatgurke
Salz
schwarzer Pfeffer, frisch gemahlen
1 Eßl. Zitronensaft
3 Scheiben Toastbrot
1 Eßl. Butter

**Kresse-Ei-Sandwiches:**
2 Eier
½ Kästchen Kresse
1 Eßl. Butter
Paprikapulver, edelsüß
3 Scheiben Roggen-Toastbrot

**Lachs-Sandwiches:**
einige Stengel Dill
1 Eßl. Butter
60 g geräucherter Lachs in dünnen Scheiben
3 Scheiben Vollkorntoast

**Forellen-Sandwiches:**
1 Teel. Preiselbeermus
1 Eßl. Butter
2 Räucherforellenfilets
3 Scheiben Dreikorn-Toast
1–2 Eßl. Schnittlauchröllchen

**Schinken-Sandwiches:**
1 Eßl. Parmesan, frisch gerieben
1 Eßl. Butter
2 Scheiben Pumpernickel
4–8 Scheiben luftgetrockneter Schinken
1–2 Gewürzgurken

**Roastbeef-Sandwiches:**
4–6 Scheiben Roastbeef
1 Eßl. Butter
3 Scheiben Sechskorn-Brot
1 Eßl. Sahne-Meerrettich
einige Stengel Petersilie

**Klassisch**

Zubereitungszeit: etwa 1 Stunde

**1.** Salat waschen, putzen und trockenschleudern, harte Mittelrippe entfernen. Generell gilt für alle Toastbrot-Sandwiches: Brot entrinden, mit der Butter oder Buttermischung bestreichen, mit Salat belegen, diagonal oder längs halbieren und die Hälften nach Belieben in zwei kleinere Dreiecke oder Rechtecke schneiden. Das Pumpernickel wird längs oder diagonal geviertelt, ansonsten wird wie beim Toastbrot verfahren.

**2.** Für die Gurken-Sandwiches die Gurke schälen und in dünne Scheiben schneiden. Salz, Pfeffer und Zitronensaft vermischen und die Gurkenscheiben darin etwa 30 Minuten marinieren. Die abgetropften Gurkenscheiben jeweils auf der einen Hälfte des Brotes verteilen und die andere Hälfte darauf decken.

**3.** Für die Kresse-Ei-Sandwiches die Eier hart kochen, abschrecken, pellen und in Scheiben schneiden. Die Kresse abbrausen, verlesen und gut abtropfen lassen. Die Butter mit dem Paprikapulver vermischen. Jeweils eine Hälfte des Brotes mit Kresse belegen, die Eischeiben fächerartig auf der Kresse anrichten und mit der anderen Brothälfte bedecken.

**4.** Für die Lachs-Sandwiches den Dill waschen und die Fähnchen abzupfen. Einige schöne Fähnchen zur Garnitur beiseite legen, den Rest fein hacken und mit der Butter vermischen. Auf jeweils einer Brothälfte den Lachs verteilen, die Dillfähnchen auf den Lachs legen und mit der anderen Brothälfte bedecken.

**5.** Für die Forellen-Sandwiches das Preiselbeermus mit der Butter verrühren. Die Forellenfilets in 2–3 cm breite Stücke teilen. Jeweils eine Hälfte des Brotes mit Forellenstückchen belegen. Die Schnittlauchröllchen auf dem Fisch verteilen und mit der anderen Brothälfte bedecken.

**6.** Für die Schinken-Sandwiches den Parmesan mit der Butter vermengen. Jeweils eine Brothälfte mit dem Schinken belegen. Die Gewürzgurken quer in dünne Scheiben schneiden, auf dem Schinken verteilen und mit der anderen Brothälfte bedecken.

**7.** Für die Roastbeef-Sandwiches das Roastbeef auf der einen gebutterten Brothälfte verteilen, mit Sahne-Meerrettich bestreichen und mit einigen Petersilienblättchen garnieren. Mit der zweiten Brothälfte bedecken.

**8.** Ein Tablett mit Stoffservietten auslegen, die Sandwiches darauf verteilen. Mit Frischhaltefolie abdecken und bis zum Essen kalt stellen.

# Noch mehr Buffets gefällig?

In diesem Buch finden Sie zehn verschiedene Buffets, die jeweils unter ein bestimmtes Motto gestellt sind. Sie sind unterschiedlichen Jahreszeiten zugeordnet. Dabei wurde vor allem das saisonale Angebot, aber auch das Lebensgefühl der einzelnen Jahreszeiten berücksichtigt. So wird man den High Tea sicher nicht im Hochsommer, das Gartenfest nicht im Winter stattfinden lassen. Doch auch, wenn die Rezepte eines jeden Buffets aufeinander abgestimmt sind, ist die Zusammenstellung nicht zwingend. Sie können aus der Vielzahl der Rezepte Ihr individuelles Buffet zusammenstellen – hier finden Sie noch einige Vorschläge für neue Buffet-Ideen.

## Neue Kombinationen

### Das preiswerte Buffet

Es ist immer am günstigsten, Obst und Gemüse der Saison zuzubereiten. Aber Fisch, Krustentiere und Fleisch gehen meistens auch ins Geld. Hier ein tolles Buffet mit preiswertem Fisch und Fleisch, die raffiniert zubereitet werden.

- Kürbiscremesuppe 100
- Matjesschnecken mit Radieschenschaum 64
- Salatpalette 100
- Leichtes Kräuterdressing 101
- Schäufele mit Senfsauce 92
- Bunter Kartoffelsalat 94
- Marinierte Rotwein-Äpfel 95
- Schokoladenschaum 45

### Das leichte Buffet

Zu diesem Buffet können Sie ruhig ganze Diätgruppen einladen: Die Gerichte sind ausgesprochen fettarm und haben somit auch wenig Kalorien.

- Pilzessenz 30
- Tomaten-Minze-Salat 20
- Gurken-Raita 20
- Marinierte Paprika-Putenbrust 82
- Paprikaschaum 83
- Rosmarinkartoffeln 83
- Eingelegter Lauch 74
- Sommergrütze 85
- Orangen-Sülzchen 35

### Das einfache Buffet (For Beginners)

Bei diesen Rezepten kann auch einem absoluten Anfänger kein Unglück passieren. Und wenn Sie die lange Liste von Gerichten verschrecken sollte, können Sie ohne weiteres ein Dessert und die Suppe streichen oder auch den Fisch mit Meerrettich.

- Kürbiscremesuppe 100
- Graved Lachsforelle 80
- Brombeer-Meerrettich 81
- Salatpalette 100
- Nuß-Vinaigrette 101
- Leichtes Kräuterdressing 101
- Schäufele mit Senfsauce 92
- Baked Potatoes 43
- Kräuter-Crème fraîche 43
- Preiselbeer-Götterspeise 105
- Marinierte Kiwi mit Baisers 55

### Das Dessert-Buffet

Eine originelle Idee und genau das richtige für alle, die der süßen Lust verfallen sind. Eine pikante Kleinigkeit zum Einstieg muß aber sein!

- Pilzessenz 30
- Käseplatte 13
- Nuß-Savarin mit Früchten 110
- Marinierte Kiwi mit Baisers 55
- Orangen-Sülzchen 35
- Schokoladenschaum 45
- Walnuß-Weincreme 95
- Sommergrütze 85

### Das Faschings-Buffet

Ein bißchen Exotik und ein wenig pikante Schärfe darf schon sein. Die vorwiegend frischen, leichten Gerichte bauen die Gäste auf.

- Heringsfilet in Mangosahne 32
- Krabben-Quiches 31
- Rinder-Carpaccio 33
- Übergrillte Mini-Zucchini 71
- Gefüllte Tomaten 114
- Pikante Profiteroles 114
- Leichter Waldorfsalat 44
- Grüner Kartoffelsalat 54
- Marinierte Rotweinäpfel 95
- Avocado-Limetten-Mousse 55

### Die Abi-Fete

Wahrscheinlich sind die Abiturienten über die alkoholfreien Getränke entsetzt – aber anbieten sollte man sie auf alle Fälle. Die Gerichte sind auch für Anfänger prima selbst zu machen.

- Kalte Ente »ohne« o. Kinder-Kir 59/38
- Gurken-Raita 20
- Tomaten-Minze-Salat 20
- Exotischer Schinkenbraten 24
- Gebratener Reis 24
- Obstsalat in Karamel 75
- Schokoladenschaum 45

### Das Teenager-Buffet

Irgendwie chic sollte es sein, ein bißchen nach Urlaub sollte es schmecken, wenn Teenies feiern. Auch hier darf selbst gekocht werden!

- Olivenbrot 70
- Salatpalette 100
- Leichtes Kräuterdressing 101
- Marinierter Mozzarella 71
- Backpilze 103
- Mariniertes Sesam-Huhn 23
- Erdnußsauce 23
- Sommergrütze 85
- Marzipan-Clafoutis 65

### Das Blitz-Buffet

Dieses Buffet können Sie an einem Tag vorbereiten – wenn Sie am Vortag alles eingekauft haben. Beginnen Sie mit dem Schokoladenschaum: er muß bis zum Abend abkühlen.

- Heringsfilet in Mangosahne 32
- Gurken-Raita 20
- Tomaten-Minze-Salat 20
- Gekräutertes Roastbeef 42
- Baked Potatoes 43
- Avocado-Basilikum-Sauce 52
- Schokoladenschaum 45
- Marinierte Kiwi mit Baisers 55

# *Einladen & genießen*

Freunde einladen – das ist wohl der schönste Anlaß, einmal wieder etwas ganz Köstliches auf den Tisch zu bringen. Einfach in fröhlicher Runde so richtig schlemmen – und genießen. Die Reihe ***»Einladen & genießen«*** hält vielerlei Ideen bereit, mit denen man ohne viel Aufwand eine Atmosphäre der guten Laune zaubert – damit die Einladung zum vollen Erfolg wird.

Der Phantasie beim Tischdecken sind wirklich (fast) keine Grenzen gesetzt! Und das Ergebnis sorgt bei Ihren Gästen schon mal fürs erste Gesprächsthema – auch wenn es ohne großen Aufwand auf den Tisch »gezaubert« wurde...

120 Seiten mit ca. 80 Farbfotos,
laminierter Pappband.
15,– DM/99,– öS/14,– sfr.

*Weitere Titel in Vorbereitung:*

*Cocktailparties*
*Dinner for Two*
*Köstliches aus dem Wok*
*Menüs, die sicher gelingen*
*Wir feiern Feste*
*Raclette, Heißer Stein & Waffeleisen*
*Advent und Weihnachten*

**Dagmar Freifrau v. Cramm**
ließ sich nach dem Abitur als Stewardeß der Deutschen Lufthansa erst einmal frischen Wind um die Nase wehen. Neben den Küchen der ganzen Welt lernte sie dabei Gästebewirtung unter erschwerten Umständen – in der Luft – kennen.
Während des darauf folgenden Studiums der Ökotrophologie jobbte sie regelmäßig beim Lufthansa Party Service und holte sich dort organisatorisches Know how für kleine und große Feste. Nach dem erfolgreichen Abschluß des Studiums und anschließender Tätigkeit in der Redaktion einer großen Münchner Kochzeitschrift arbeitet sie seit 1984 als freie Fachjournalistin für Ernährung und Kochbuchautorin.

**FoodPhotography Eising** wird von Susi und Pete A. Eising geleitet. Sie studierten an der Fachakademie für Fotodesign in München und widmeten sich schon bald nach dem Studium ihrer gemeinsamen Passion für Eßkultur und Kochkunst.
1981 gründeten sie ihr eigenes Fotostudio für Foodfotografie. Auf zahlreichen Reisen vertieften sie ihre Kenntnisse über Küchen und Kultur anderer Länder und setzen ihre Eindrücke und Erfahrungen immer wieder neu bei der Gestaltung und Realisierung ihrer Foodaufnahmen ein.
Martina Görlach studierte Kunstgeschichte und gehört schon seit vielen Jahren zum Team. Nachdem sie anfangs hauptsächlich mit der Requisite und Ausstattung der Aufnahmen beschäftigt war, richtet sie ihr Interesse über das Styling hinaus immer mehr auf die Fotografie. Sie gestaltete die Fotoaufnahmen für dieses Buch.

Fotografiert auf Agfachrome 100 RS

Umschlagvorder- und -rückseite
sowie Seite 3: FoodPhotography Eising

Genehmigte Lizenzausgabe für
Weltbild Verlag GmbH, Augsburg 1999


Redaktion: Birgit Rademacker
Lektorat: Katharina Lisson
Typographie: Studio Greif
Herstellung: Joachim W. Schmidt
Rezeptfotos: FoodPhotography Eising
Foodstyling: Hans Albrecht Gerlach
Umschlaggestaltung: Greenstuff,
München
Printed in Austria
ISBN 3-8289-1041-6

Dankeschön
Mercantile, Planegg
Gunther Lambert, Mönchengladbach
A.Warnecke, Hamburg
KPM, Berlin
Steigerwald, München
Radspieler, München
Nicowa, München
SIA Deutschland GmbH